CHE STOR...

la storia italiana raccontata in r...

CW00494334

72E-153-02B-603

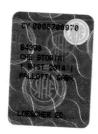

Gabriele **Pallotti** • Giorgio **Cavadi**

che storia!

la storia italiana raccontata
in modo semplice e chiaro

Bonacci editore

Ristampe

5	4	3	2
2017	2016	2015	2014

ISBN 9788875734398

Nonostante la passione e la competenza delle persone coinvolte nella realizzazione di quest'opera, è possibile che in essa siano riscontrabili errori o imprecisioni.
Ce ne scusiamo fin d'ora con i lettori e ringraziamo coloro che, contribuendo al miglioramento dell'opera stessa, vorranno segnalarceli al seguente indirizzo:

Loescher Editore
Via Vittorio Amedeo II, 18
10121 Torino
Fax 011 5654200
clienti@loescher.it

Loescher Editore opera con sistema qualità
certificato CERMET n. 1679-A
secondo la norma UNI EN ISO 9001-2008

Progettazione grafica, impaginazione e illustrazioni: Donatella Bazzucchi
Copertina: Pia 't Lam - Edisegno srl

Stampa: Sograte s.r.l. - Zona Industriale Regnano
06012 Città di Castello (Perugia)

Indice

Introduzione... pag. 9

capitolo 1. ROMA

L'Italia prima di Roma.. pag. 11

Roma: da piccolo villaggio a padrona del Mediterraneo............. pag. 14
Dai re alla repubblica
Le conquiste di Roma

La società romana: nobiltà, plebe, schiavi................................ pag. 16
Patrizi e plebei
Gli schiavi
La vita politica e l'amministrazione dello Stato durante la repubblica
Dalla repubblica all'impero: le guerre civili

Come viene governato l'impero....................................... pag. 23
L'amministrazione delle province dell'impero
L'esercito

La vita dei romani durante l'impero................................. pag. 26
Viaggiare
Abitare
Gli edifici pubblici
La religione
Lavorare (e non lavorare)
La famiglia
Mangiare e bere
Rilassarsi

La crisi e la fine dell'impero romano................................. pag. 37

capitolo 2. IL MEDIOEVO

Cosa è il Medioevo?.. pag. 39

Chi comanda nel Medioevo?.. pag. 41
Il potere politico nel Medioevo
Il potere religioso nel Medioevo

Dove si vive nel Medioevo.. pag. 47
Il castello
Il monastero
Le case dei contadini in campagna
La città

Come si vive nel Medioevo.. pag. 54
Il lavoro in campagna
Mangiare (e non mangiare) nel Medioevo

L'arte e la cultura medievali.. pag. 58
L'architettura medievale
La scultura e la pittura
La lingua italiana nasce nel Medioevo

capitolo 3. IL RINASCIMENTO

In Europa.. pag. 62
Quando inizia il Rinascimento?
Viaggi e scoperte
Gli Stati nazionali

In Italia.. pag. 66
Le signorie, piccoli Stati regionali
Gli eserciti stranieri combattono in Italia

La cultura e l'arte.. pag. 70
Le corti italiane
L'umanesimo
L'arte rinascimentale
La vita degli artisti

La vita nel Rinascimento.. pag. 79
Abitare e lavorare
Mangiare
Divertirsi
Viaggiare

L'Italia dal '500 al '700.. pag. 89
Guerre e scambio di territori
La vita in Italia dal '500 al '700

capitolo 4. L'OTTOCENTO

L'Ottocento e l'Unità d'Italia.. pag. 92

La situazione in Italia nella prima metà dell'Ottocento............... pag. 93
Un Paese diviso e senza libertà
Il Risorgimento: primi tentativi di cambiare le cose

L'Italia diventa un Paese unito.. pag. 97

La vita in Italia dopo l'Unità... pag. 101
I problemi del nuovo Stato
La vita in campagna
La vita nelle città e nei paesi
Lavorare nelle città
Mangiare
Salute e malattie
Viaggiare
Il tempo libero
Parlare italiano e studiare

Gli italiani lasciano l'Italia: l'emigrazione.................................. pag. 116

capitolo 5. IL NOVECENTO

L'Italia cambia... pag. 119

La prima guerra mondiale... pag. 120

Il fascismo... pag. 124
La vita quotidiana durante il fascismo

La seconda guerra mondiale... pag. 130

L'Italia dopo la Seconda guerra mondiale.............................. pag. 134
La situazione politica
Gli italiani continuano a emigrare
La vita quotidiana dal Dopoguerra al Miracolo economico

Dagli anni '70 a oggi.. pag. 140
Gli anni '70
Gli anni '80 e '90

Studiare e parlare italiano nel Novecento................................. pag. 144

Riferimenti bibliografici... pag. 147

Introduzione

Questo libro racconta la storia d'Italia in modo semplice e chiaro. I suoi autori sono un linguista (Pallotti) e uno storico (Cavadi): il primo si è occupato di fare in modo che i testi risultassero comprensibili a tutti, il secondo ne ha controllata l'attendibilità. Entrambi hanno scelto e discusso i contenuti, per produrre un racconto di 2000 anni di vita italiana scritto soprattutto dal punto di vista della storia economica e sociale.

Molti di noi hanno un brutto ricordo della storia studiata a scuola: una serie di date e di nomi, di re e di battaglie, di governi, viaggi, movimenti politici. Questo libro cerca di raccontare la storia in modo diverso. Ci sono pochissime date, pochi termini tecnici, pochi nomi. Quando si parla di qualche personaggio importante, come Federico Barbarossa, Michelangelo, o Garibaldi, è per raccontare la sua vita e le sue avventure, che sono spesso interessanti come quelle dei personaggi dei romanzi, ma in più ci aiutano a capire tutta un'epoca.

Aiutare a capire le epoche, questo è il nostro obiettivo. Capire cosa significava, al tempo dei Romani, essere "cliente" di una persona ricca. Capire perché nel Medioevo la Chiesa e l'Imperatore si combattevano. Capire il ruolo degli artisti nella società del Rinascimento. Capire cosa succede in Italia dopo la Seconda Guerra mondiale e in che modo si passa da una grande povertà al boom economico.

Il libro è breve, ma allo stesso tempo offre molte informazioni che possono sembrare particolari e che difficilmente si trovano in altri testi: ad esempio come si lavavano i Romani, i giochi e le feste che si organizzavano nel Rinascimento, quanta polenta mangiava un contadino nell'800, la fatica che faceva Manzoni a parlare italiano. Informazioni curiose, che rendono la lettura piacevole, ma anche utili per capire come era organizzata la società, i cambiamenti, i conflitti. E per capire anche molti aspetti della società di oggi. La storia, in fondo, serve proprio a comprendere il presente ed è per questo che nel testo si trovano dei riquadri in cui si mostra che certe dinamiche del passato sono vere ancora oggi, che certi problemi della società italiana attuale hanno radici antiche di secoli.

1 Roma

L'Italia prima di Roma

La nostra storia inizia nel mare Mediterraneo, un mare abbastanza speciale. È piccolo, se pensiamo a come sono grandi l'oceano Atlantico o l'oceano Pacifico, e le sue acque di solito sono calme. Questo rende facile la navigazione e fin dall'antichità molti popoli lo hanno attraversato da una parte all'altra, scambiandosi i prodotti e le conoscenze.

Le terre intorno al Mediterraneo hanno un clima molto favorevole: non è troppo freddo d'inverno, l'estate è calda ma piove abbastanza da far crescere vari tipi di piante. Gli uomini hanno abitato queste terre da tempi antichissimi: prima andavano a caccia e raccoglievano i frutti che crescevano in natura, poi hanno sviluppato l'agricoltura e l'allevamento.

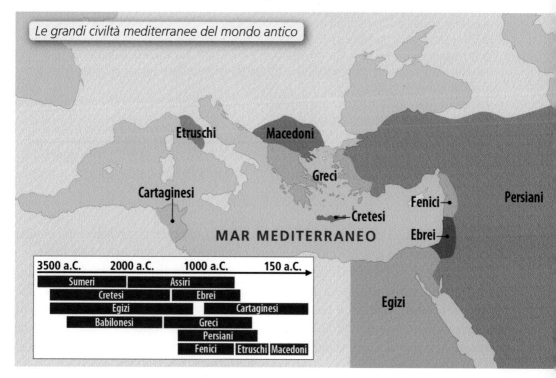

Le grandi civiltà mediterranee del mondo antico

Misurare gli anni

Gli storici hanno sempre avuto il problema di indicare esattamente i diversi periodi del passato. In questo libro usiamo il sistema di riferimento nato nel mondo occidentale e oggi più diffuso nel mondo, cioè quello che misura il tempo in anni solari (i 365 giorni circa in cui la Terra fa un giro completo intorno al sole) e ha come anno 0 la nascita di Cristo. Esistono anche altri sistemi di riferimento: ad esempio il calendario islamico ha come anno 0 l'anno in cui Maometto lascia la Mecca (che corrisponde al 622 dell'era cristiana) e ha anni di 354 giorni, che corrispondono a dodici cicli della Luna.

Gli anni prima della nascita di Cristo si scrivono sempre con a.C. (avanti Cristo) mentre quelli dopo si possono scrivere con d.C. (dopo Cristo). Di solito si scrive d.C. per i primi secoli dopo Cristo, per quelli successivi si scrive l'anno senza sigle. Per rappresentare i periodi di 100 anni, o secoli, si possono impiegare diversi sistemi. Per indicare i 100 anni tra il 1300 e il 1399 possiamo scrivere *il '300* (l'apostrofo indica che che non si è scritto il numero 1 delle migliaia), o anche *il Trecento* (con la lettera maiuscola) o ancora *il XIV secolo,* un modo che utilizza i numeri romani (nell'anno 0 inizia il primo secolo, nell'anno 100 inizia il secondo, nell'anno 1300 inizia il quattordicesimo secolo). Quest'ultimo sistema risulta però più difficile da leggere e quindi non sarà usato in questo libro.

Spesso gli storici si riferiscono anche a periodi che indicano un certo modo di fare, di pensare, un insieme di fatti o comportamenti simili tra loro, che hanno un particolare significato. Questi periodi, che possono durare alcuni decenni o alcuni secoli, ricevono un nome come *Medioevo, Rinascimento o Risorgimento*. Non è facile dare delle date precise per l'inizio e la fine di questi periodi. È un po' come le fasi della vita di una persona: tutti noi parliamo della nostra infanzia, della nostra giovinezza, della nostra età adulta e della nostra vecchiaia, ma se ci chiedono esattamente in quale anno è finita l'infanzia ed è cominciata la giovinezza, facciamo fatica a indicare un confine preciso. Allo stesso modo, in questo libro indicheremo dei grandi periodi come Medioevo e Rinascimento, ma bisogna essere consapevoli che a volte nemmeno gli storici sono d'accordo nel dare date precise di inizio o di fine di una di queste epoche.

All'inizio di ogni capitolo si trova una linea del tempo come quella qui sotto, che aiuta a vedere nel loro insieme i principali fatti di un'epoca.

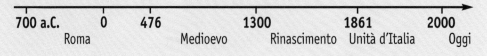

700 a.C.	0	476	1300	1861	2000
Roma		Medioevo	Rinascimento	Unità d'Italia	Oggi

Dal 4000 a.C. nascono vicino al Mediterraneo grandi civiltà come quelle della Mesopotamia e dell'Egitto e grandi città come Uruk, Ur, Ebla e Tebe.

La nostra storia dell'Italia comincia invece alla fine dell'età del bronzo, verso il primo millennio a. C., circa 3 mila anni fa, quando nella penisola abitavano contadini, pastori e cacciatori, che vivevano in piccoli villaggi fatti di capanne di legno, qualche volta di sassi. I loro strumenti all'inizio erano di pietra, in seguito si cominciano a usare i metalli. Il rame è un metallo che si fonde facilmente, ma è poco robusto. Si scopre allora che il rame fuso insieme a un altro metallo, lo stagno, dà un materiale molto più resistente, il bronzo, ed è per questo che oggi chiamiamo questa epoca età del bronzo. Solo più tardi si scopre come lavorare il ferro, un metallo difficile da fondere ma che dà prodotti ancora più duri e resistenti.

Nel periodo in cui si usavano il bronzo e il ferro, diciamo tra l'800 e il 500 a.C., in Italia vivevano diversi popoli: al Nord c'erano i celti, i liguri, i veneti. Al Sud troviamo volsci, sanniti, campani e lucani. In Sicilia abitavano popoli del luogo come sicani e siculi, ma anche alcune importanti colonie di persone venute dalla Grecia e dal Nord Africa, come i fenici. In Sardegna c'era una

L'Italia nel 1000 a.C.

misteriosa civiltà chiamata nuragica, che costruiva grandi torri di pietra, chiamate "nuraghi". Nel Centro dell'Italia troviamo, in corrispondenza dell'Emilia, un popolo che viveva in capanne costruite sull'acqua, chiamate "terremare". Ma la civiltà più importante in quegli anni era quella degli etruschi, che vivevano nel Nord del Lazio e in Toscana.

I resti di un nuraghe sardo

Gli etruschi erano molto ricchi e potenti: costruivano grandi città e begli oggetti artistici, erano grandi viaggiatori e commercianti, sapevano lavorare i metalli e coltivare la terra.

Una statua etrusca

Roma: da piccolo villaggio a padrona del Mediterraneo

Dai re alla repubblica

All'inizio Roma era solo un piccolo villaggio di pastori e contadini. Però si trovava in una zona importante, dove passava molta gente: i pastori che andavano dalle montagne verso il mare; gli etruschi che andavano verso il Sud, a commerciare con le città greche e fenicie; i popoli dell'Italia centrale che venivano a scambiare le loro merci. Insomma, a Roma si tenevano grandi mercati, dove si comprava e si vendeva di tutto: animali, cibo, il sale (che a quei tempi era preziosissimo), oggetti di ceramica e di metallo.

A poco a poco, intorno al 750 a.C., il piccolo villaggio diventa una città. I suoi primi re sono stati romani. Poi si sono avuti alcuni re etruschi, perché gli etruschi volevano controllare Roma, che stava diventando sempre più

Roma nel 500 a.C.

importante. Alla fine però, nel 509 a.C., i romani decidono di govenarsi da soli, senza più re: nasce allora la repubblica, una parola che viene dal latino *res publica*, che vuol dire "la cosa pubblica, cioè che riguarda tutti". Nella repubblica il potere non era più nelle mani di uno solo, ma i cittadini più importanti eleggevano un gruppo di loro che prendeva le decisioni e amministrava lo Stato. Ogni tanto si tenevano nuove elezioni e si cambiavano le persone al governo.

Le conquiste di Roma

Durante la repubblica, Roma conquista molti territori e in pochi secoli diventa la principale potenza in Italia e nel Mediterraneo. Nella cartina si vedono queste conquiste: all'inizio sui popoli più vicini, poi su tutta l'Italia centrale, compreso il regno degli etruschi, e sull'Italia meridionale, dove c'erano le ricche colonie greche. Infine, i romani riescono a controllare anche tutta la Grecia e a sconfiggere i cartaginesi, una potente civiltà di fenici del Nord Africa.

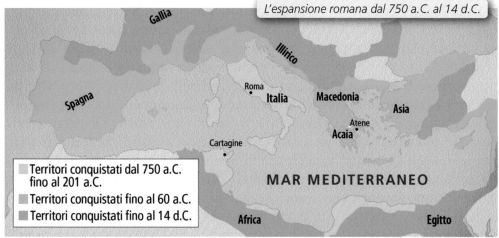

L'espansione romana dal 750 a.C. al 14 d.C.

Gallia

Illirico

Spagna

Roma

Italia

Macedonia

Asia

Atene

Acaia

Cartagine

MAR MEDITERRANEO

■ Territori conquistati dal 750 a.C. fino al 201 a.C.
■ Territori conquistati fino al 60 a.C.
■ Territori conquistati fino al 14 d.C.

Africa

Egitto

Ma come facevano i romani a vincere grandi popoli come gli etruschi, i greci, i cartaginesi? Il segreto di Roma stava nel suo esercito. Gli altri popoli pagavano i soldati che combattevano per loro: si chiamavano mercenari e molti di loro venivano anche da lontano. Invece, l'esercito romano era formato soprattutto da cittadini romani: per loro combattere significava difendere o arricchire se stessi e le loro famiglie. All'inizio combattevano solo gli uomini più ricchi, perché le armi costavano molto; poi, si decide che tutti possono entrare nell'esercito, anche i poveri, che ricevevano una paga, chiamata *soldo* (*soldato* significa infatti "chi prende il soldo"). Questi soldati più poveri restavano nell'esercito per molto tempo, da 16 a 25 anni, ma alla fine ricevevano un terreno da coltivare e dove costruirsi una casa.

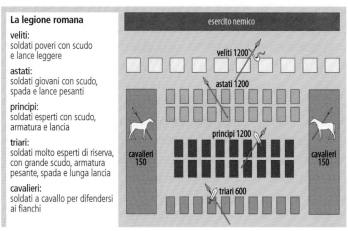

La legione romana

veliti:
soldati poveri con scudo e lance leggere

astati:
soldati giovani con scudo, spada e lance pesanti

principi:
soldati esperti con scudo, armatura e lancia

triari:
soldati molto esperti di riserva, con grande scudo, armatura pesante, spada e lunga lancia

cavalieri:
soldati a cavallo per difendersi ai fianchi

esercito nemico

veliti 1200

astati 1200

principi 1200

cavalieri 150

cavalieri 150

triari 600

La società romana: nobiltà, plebe, schiavi

Patrizi e plebei

Tutte le repubbliche hanno una cosa in comune: non c'è un re e i governanti sono scelti dai cittadini. Per il resto, possono essere anche molto diverse tra loro. Ad esempio, nell'Italia di oggi tutti i cittadini sopra i 18 anni scelgono i loro rappresentanti da mandare in Parlamento (sopra i 25 anni per eleggere il Senato). Agli inizi della repubblica romana, invece, solo gli *uomini* più ricchi eleggevano i rappresentanti (le donne in Italia hanno iniziato a votare nel 1946!). Questi ricchi si chiamavano patrizi e venivano dalle famiglie più importanti: uno nasceva patrizio e i suoi figli erano patrizi. Patrizio viene da "pater" che significava padre, ma anche persona di grande influenza e prestigio, nobile. Tutti gli altri si chiamavano invece plebei: non potevano sposarsi con i patrizi e sino al 320 a.C. potevano anche essere fatti schiavi. I patrizi non erano molti: si calcola che verso il 300 a.C. a Roma ci fossero 60.000 abitanti e solamente 1.500 patrizi. Bisognava essere molto ricchi per potere fare politica attivamente, cioè per avere incarichi di responsabilità come prendere decisioni militari, far pagare le tasse, costruire strade e palazzi pubblici. Per dare un'idea di questa ricchezza, diciamo che un politico normalmente doveva avere un patrimonio che valeva più di 200 ettari di terreno (un ettaro = 10.000 m^2) o più di 300 volte lo stipendio annuo di un soldato.

Spesso un plebeo cercava la protezione di un patrizio, e in cambio gli era fedele: si dice allora che il plebeo era "cliente" del patrizio. Ma in seguito i rapporti di clientela si sono diffusi in tutta la società romana: anche le persone ricche e importanti diventavano clienti di persone più importanti di loro e c'era un continuo scambio di favori, incarichi e cortesie.

Nel corso dei secoli i plebei hanno avuto sempre più importanza nella vita politica romana, potendo eleggere i loro rappresentanti e votando le leggi. A un certo punto, verso il 300 a. C, è stata anche abolita la distinzione tra patrizi e plebei, ma rimaneva comunque la distinzione tra le persone ricche, "di buona famiglia", e la gente comune: solo i ricchi potevano essere eletti o avere incarichi pubblici, e solo loro prendevano

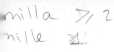

le decisioni più importanti. Inoltre, le donne, gli stranieri e gli schiavi non hanno mai esercitato alcun diritto politico.

ieri e oggi

Il clientelismo nell'Italia di oggi

Ancora oggi in Italia succede quello che succedeva al tempo dei romani: le persone meno ricche e potenti cercano l'appoggio di quelle più ricche e potenti. Ad esempio, un impiegato chiede a un politico di aiutarlo ad avere una promozione, oppure un padre chiede a un industriale di aiutare suo figlio a trovare lavoro. In questo modo diventano 'clienti' della persona importante; in cambio, se è un politico, possono dargli il voto alle elezioni; oppure, se è un privato, possono favorire in vari modi i suoi affari. Questo sistema si chiama 'clientelismo'. A volte è solo un onesto scambio di favori; altre volte invece è contro la legge: ad esempio un politico non può aiutare qualcuno solo perché è suo 'cliente', ma deve dare il lavoro alle persone migliori.

pensaci su

E tu, conosci qualche situazione di clientelismo, in Italia o in altri Paesi? Rifletti sulle differenze tra diversi modi di 'scambiarsi favori':

- amicizia
- solidarietà con il tuo gruppo
- clientelismo
- corruzione

Gli schiavi

A Roma, come in molte altre società antiche, gli schiavi facevano la maggior parte del lavoro. Gli schiavi erano persone che avevano perso la libertà. Alcuni di loro erano cittadini romani diventati così poveri da dover pagare i debiti offrendo la loro vita al creditore. La maggior parte però erano prigionieri catturati dai romani durante le loro guerre. Anche quando le guerre finivano rimanevano comunque molti schiavi, perché i loro figli restavano schiavi: insomma, gli schiavi producevano altri schiavi.

I romani compravano e vendevano gli schiavi al mercato, proprio come gli animali o le cose. Perciò lo schiavo era considerato un oggetto nelle mani del suo padrone, che poteva usarlo a suo piacere (anche se negli ultimi secoli dell'impero sono state introdotte leggi che difendevano gli schiavi dai padroni troppo crudeli). Molte famiglie che vivevano a Roma avevano degli schiavi. Le meno ricche ne avevano solo uno o due, che facevano un po'

Gli schiavi: prezzi e caratteristiche

Gli schiavi erano come degli oggetti che si compravano e vendevano al mercato. In questi mercati, diffusi a Roma e un po' in tutto il mondo antico, a volte si vendevano fino a 10.000 schiavi al giorno. Gli schiavi portavano al collo un cartello, con il nome, la provenienza e cosa sapevano fare; bisognava anche indicare eventuali difetti o problemi di carattere, perché se il compratore se ne accorgeva dopo poteva restituire lo schiavo 'in garanzia' e riprendersi i soldi. I venditori li facevano sfilare su un palco per farli vedere meglio ai clienti, che potevano anche spogliarli e toccarli per giudicare meglio. Ecco qui un tipico listino-prezzi.

tipo di schiavo	caratteristiche	prezzo
contadino, uomo di fatica	Può fare ogni genere di lavori in campagna; robusto, resistente, sano. Se è giovane, può lavorare per molti anni.	1000 sesterzi
artigiano	Ad esempio, un falegname: sa fare mobili, attrezzi, costruzioni di legno.	4000 sesterzi
ancella	Ben educata, di aspetto gradevole, gentile e premurosa. Può fare diversi lavori in casa, cucinare, pulire, assistere la padrona e tenerle compagnia.	10.000 sesterzi
segretario	Istruito, intelligente, sa leggere e scrivere. Può aiutare il padrone nei suoi affari.	30.000 sesterzi
maestro privato	Greco, sa leggere, scrivere e ha studiato molto. Può insegnare ai figli del padrone il greco e molte materie scolastiche. Può anche discutere con il padrone di filosofia e dei suoi affari.	100.000 sesterzi

tutti i lavori di casa; i più ricchi possedevano centinaia di schiavi, tra la casa di città e le terre in campagna. In certi periodi gli schiavi sono arrivati ad essere circa un terzo degli abitanti di Roma e dell'Italia.

Gli schiavi potevano svolgere un gran numero di attività. Quelli più istruiti potevano diventare segretari del padrone o suoi amministratori, o anche gli insegnanti privati dei figli delle famiglie più ricche. Altri servivano per diversi lavori in casa, come cucinare, servire in tavola, pulire, fare lavoretti e riparazioni. Le schiave aiutavano la padrona a lavarsi e vestirsi e a volte le tenevano compagnia. Gli schiavi che stavano peggio erano quelli che lavoravano in campagna o nelle miniere, dove spesso venivano tenuti in catene per impedirgli di fuggire. Al contrario, certi schiavi di città diventavano quasi parte della famiglia: non lavoravano tanto, nei giorni festivi potevano andare alle terme o ai giochi, e se facevano qualche lavoro extra guadagnavano un po' di denaro per le loro spese o per risparmiare.

A volte gli schiavi tornavano ad essere liberi e si chiamavano perciò *liberti*. Potevano pagare la loro libertà con i loro risparmi, oppure venivano liberati dal padrone come segno di generosità, perchè erano stati fedeli e avevano lavorato bene. Alcuni di questi liberti potevano poi diventare anche molto ricchi: alcuni di loro possedevano palazzi, ville in campagna, negozi e centinaia di schiavi.

La vita politica e l'amministrazione dello Stato durante la repubblica

Come si è detto, nella repubblica romana solo pochi partecipavano alla vita politica: dovevano essere cittadini romani e avere abbastanza ricchezze. Questi cittadini romani più ricchi potevano scegliere i loro rappresentanti o potevano essere scelti per svolgere degli incarichi. Da giovani cominciavano con compiti meno importanti, ad esempio riscuotere le tasse di una piccola città o di un quartiere, o controllare la costruzione di strade e palazzi pubblici. Quando erano più anziani e più esperti, avevano incarichi più complessi, come amministrare la giustizia o governare lo Stato. L'assemblea della repubblica che prendeva le decisioni più importanti era il Senato, a cui partecipavano solo poche centinaia di persone ricchissime. Nei momenti molto difficili, ad esempio durante una guerra, bisognava decidere in fretta e non si poteva discutere tutto. Allora il potere veniva dato a un persona sola, chiamata dittatore: questo diventava il capo e nessuno discuteva le sue decisioni. Quando la situazione tornava normale, il dittatore finiva di governare e il potere tornava al Senato.

ieri e oggi

Anche in tempi più recenti qualcuno ha pensato che un dittatore solo con tutto il potere riesca a governare lo Stato meglio di un'assemblea di rappresentanti. Ad esempio in Italia, durante il fascismo, Mussolini credeva che il Parlamento fosse un posto dove si perdeva tempo e lo ha praticamente sciolto. Certo, prendere le decisioni è più facile quando uno solo decide e deve semplicemente dare ordini agli altri. Però così si perde la possibilità di avere molte idee, che nascono dal dialogo e non dalla mente di una persona sola. Inoltre, il dittatore può restare molto più a lungo del periodo 'di emergenza' e togliere agli altri cittadini tutte le libertà.

Uno Stato in cui decide una persona sola si chiama assoluto o autoritario. Uno Stato in cui le decisioni sono prese dai rappresentanti eletti da tutti i cittadini si chiama democratico. Hai mai pensato cosa si guadagna e cosa si perde in ciascuno di questi due sistemi?

Questo tipo di organizzazione si sviluppa nella città di Roma. Cosa succedeva nei territori conquistati? I romani erano molto gelosi della loro cittadinanza: all'inizio, solo chi era nato e viveva a Roma era considerato cittadino romano. Gli altri erano degli alleati, degli amici: vivevano in città controllate dai romani, partecipavano alle loro guerre, pagavano le tasse, però non potevano partecipare alla vita politica. Un poco alla volta però anche loro sono diventati cittadini romani e hanno avuto incarichi e responsabilità politiche, e qualche "provinciale" è diventato persino imperatore.

Dalla repubblica all'impero: le guerre civili

Roma dunque da piccolo villaggio diventa padrona del Mediterraneo: verso il 130 a.C aveva conquistato tutta l'Italia, la Spagna, il Nord Africa, la Grecia e buona parte della Turchia. Tutti i porti più importanti erano suoi e controllava quasi tutta la navigazione e il commercio nel Mediterraneo.

Anche se le guerre contro i principali nemici esterni erano finite, i romani non erano in pace. Cominciano infatti delle guerre all'interno della società romana, che si chiamano guerre civili, cioè guerre tra diverse parti dello stesso popolo.

Innanzitutto, ci sono state le rivolte degli schiavi, che provavano a ribellarsi e conquistare la libertà con la forza: non ci sono mai riusciti perché l'esercito romano li ha sempre combattuti e puniti duramente. La più grande di queste rivolte scoppia nel 73 a. C., comandata dallo schiavo Spartaco: decine di migliaia di schiavi si ribellano e minacciano i padroni romani, ma alla fine vengono sconfitti.

Un'altra guerra civile è provocata dalle popolazioni italiane alleate dei romani. Gli abitanti di questi territori, dato che non vivevano a Roma o nelle città vicine, non erano considerati dei veri e propri cittadini romani: per esempio non avevano i diritti politici, cioè non potevano votare. I romani vincono la guerra, ma decidono comunque di dare ai loro alleati la cittadinanza e quindi gli

I fratelli Gracchi

stessi diritti. Proprio durante queste guerre viene usato per la prima volta il nome *Italia*: tutte le persone che vivevano tra le Alpi e la Calabria si sentivano come un solo popolo, e si chiamavano appunto italiani.

Ma le guerre civili più violente e lunghe furono quelle tra i partiti che sostenevano i nobili e i plebei. I plebei infatti, che erano cittadini romani, non sopportavano di vedere tutto il potere e la ricchezza in mano ai nobili. Intorno al 130 a.C. i fratelli Gracchi, due uomini politici che difendevano la plebe e i piccoli proprietari terrieri, propongono di distribuire ai cittadini più poveri le terre conquistate in guerra, in modo che tutti avessero un campo da coltivare. I ricchi non ci stanno e i fratelli Gracchi vengono uccisi. 50 anni più tardi si arriva a una vera e propria guerra: i plebei sostengono un generale, Mario, che era stato anche lui plebeo, contro un altro generale, Silla, che difendeva invece i più ricchi, e in particolare la classe dei senatori. Alla fine vince Silla e il partito dei nobili continua ad essere quello dominante.

Mario

Questa guerra tra generali rappresenta un cambiamento importante nella storia di Roma: chi comandava l'esercito non era più al servizio della Repubblica, cioè di tutti i cittadini, ma si metteva al servizio di una certa parte. I suoi soldati non obbedivano più allo Stato, ma solo al loro generale: questo, se voleva, poteva prendere il potere con la forza e governare senza essere eletto e senza ascoltare i rappresentanti dei cittadini.

Silla

Insomma, il potere non era più nelle mani dei politici scelti dai cittadini, ma in quelle dei generali.

Infatti poco dopo (nel 60 a.C.) tre grandi generali, Cesare, Pompeo e Crasso, si mettono d'accordo per governare Roma. Questa amicizia però dura poco e cominciano a combattere tra loro. Alla fine vince Cesare, che diventa una specie di re: lui da solo comanda l'esercito (si chiama *imperator*) e prende tutte le decisioni politiche; inoltre, nessuno può scegliere di cambiarlo, perché ha deciso di restare al potere per tutta la vita. Anzi, sceglie anche chi dovrà comandare dopo di lui: il suo figlio adottivo, Augusto. Cesare aveva

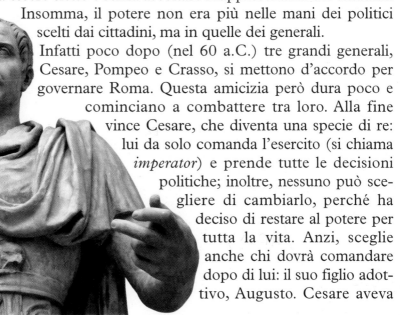

Giulio Cesare

molti nemici, e alla fine viene ucciso; eppure, proprio come voleva lui, nel 27 a. C. diventa imperatore suo figlio Augusto.

Da questo momento in poi Roma non è più una repubblica, ma un impero. Questo significa che comandava una persona sola, l'imperatore. I cittadini non sceglievano più i loro rappresentanti: l'imperatore rimaneva il capo dello Stato per tutta la vita, poi decideva chi sarebbe stato l'imperatore dopo di lui. Di solito sceglieva uno dei suoi figli, ma a volte anche un'altra persona. I primi imperatori appartenevano alle grandi famiglie nobili di Roma, ma dopo il II secolo d.C. alcuni sono venuti anche dalle province, come il Nord Africa o la Spagna.

Ottaviano Augusto

Come viene governato l'impero

L'amministrazione delle province dell'impero

Nel periodo degli imperatori a Roma finiscono le guerre civili, cioè i romani e i loro alleati smettono di combattersi tra loro. Possono allora pensare a conquistare nuovi territori, e così Roma diventa padrona non solo del Mediterraneo, ma di quasi tutta Europa. Nella cartina si vede come era grande l'impero romano dopo il 100 d.C., quando aveva più di 50 milioni di abitanti.

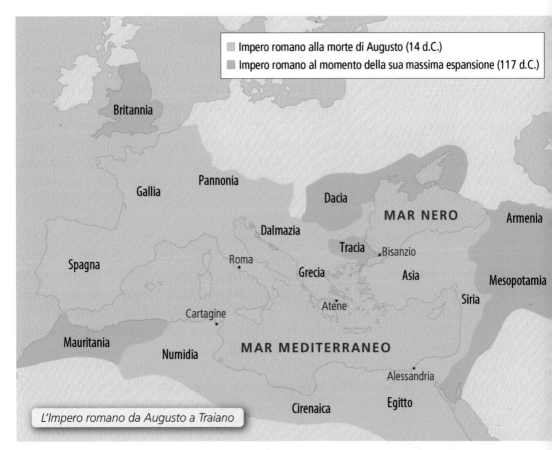

Impero romano alla morte di Augusto (14 d.C.)
Impero romano al momento della sua massima espansione (117 d.C.)

Britannia
Pannonia
Gallia
Dacia
MAR NERO
Armenia
Dalmazia
Tracia
Bisanzio
Spagna
Roma
Grecia
Asia
Mesopotamia
Siria
Atene
Cartagine
Mauritania
Numidia
MAR MEDITERRANEO
Alessandria
Cirenaica
Egitto

L'Impero romano da Augusto a Traiano

Tutto intorno a questo impero i romani costruivano dei muri, delle torri e dei forti per segnare chiaramente i confini e per difendersi dai popoli nemici.

Il vallo di Adriano era il muro che segnava il confine dell'impero romano in Inghilterra

I cittadini dei territori conquistati non erano obbligati a fare tutto quello che volevano i romani: potevano continuare a parlare la loro lingua, seguire la loro religione, mantenere le loro abitudini. Dovevano solo pagare le tasse e non ribellarsi, per il resto erano abbastanza liberi. Però i romani, con la loro potenza, la loro organizzazione, la loro cultura, erano un modello che molti ammiravano: nel giro di alcuni secoli in alcuni territori si abbandona la lingua del posto e si comincia a parlare sempre più in latino; anche la religione, il modo di mangiare, di vestirsi, di comportarsi dei romani vengono spesso imitati o si fondono con le usanze locali.

Questo spiega ad esempio perché in molti Paesi europei oggi si parlano lingue che derivano dal latino: dato che in Spagna, Portogallo, Francia, Italia, Romania al tempo dei romani quasi tutti parlavano latino, alla fine la lingua che oggi si parla in questi posti deriva dal latino, non dalle lingue che esistevano prima della conquista romana.

Per governare un impero così grande bisognava dividerlo in zone più piccole, chiamate province: ce n'erano circa 40 e ognuna aveva un governatore scelto direttamente dall'imperatore. Per far pagare a tutti le tasse e per chiamare nell'esercito il numero giusto di uomini, bisognava anche sapere quante persone vivevano in ciascuna provincia: ogni tanto, a distanza di un certo numero di anni, veniva perciò organizzato un censimento per conoscere il numero esatto di abitanti. Inoltre esisteva anche il catasto, cioè un registro di tutte le terre e le case che riportava il loro valore, la dimensione e il proprietario, in modo che tutti pagassero le tasse su ciò che possedevano.

L'esercito

Per controllare questo impero serviva un buon esercito: circa 400.000 soldati, distribuiti su tutti i territori. Ai tempi dell'impero la maggior parte dei soldati non veniva da Roma o dall'Italia, ma dalle altre province: dopo 20 o 25 anni di servizio, diventavano cittadini romani e ricevevano un pezzo di terra da lavorare. Quindi, per molti di loro, il lungo periodo nell'esercito era un modo per "sistemarsi" e per imparare le usanze e il modo di vivere romano.

L'esercito serviva per difendere l'impero dai nemici esterni e per mantenere l'ordine all'interno. Nei primi due secoli dell'impero i romani erano così forti che gli altri popoli non provavano nemmeno ad attaccarli e gli abitanti delle province non cercavano quasi mai di ribellarsi. Insomma, grazie alla sua potenza l'impero romano era riuscito a imporre una certa pace. Verso il III e IV secolo però l'impero diventa più debole: le province iniziano a ribellarsi più spesso e cominciano i primi attacchi dei popoli esterni.

Era allora necessario dare più potere all'esercito, altrimenti l'impero rischiava di crollare. L'esercito diventava però così potente che qualche volta non obbediva più all'imperatore; l'imperatore, d'altra parte, aveva bisogno dell'appoggio dell'esercito per governare. In certi momenti l'esercito si divideva anche tra soldati che sostenevano diversi imperatori. Ad esempio il primo imperatore non romano, Settimio Severo, ha preso il potere grazie ai suoi soldati, dopo una lunga lotta in cui diverse parti dell'esercito sostenevano altri tre imperatori.

Settimio Severo veniva da Leptis Magna (Libia), dove ha fatto costruire questo arco per celebrare le sue vittorie

La vita dei romani durante l'impero

La civiltà di Roma è durata molti secoli, dal 750 a.C. al 450 d.C.: è chiaro che in tanto tempo le abitudini sono cambiate. Nelle prossime pagine descriveremo come si viveva a Roma nel periodo della sua massima potenza, cioè nei primi secoli dell'impero.

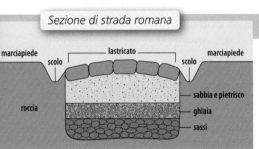

Sezione di strada romana

marciapiede — scolo — lastricato — scolo — marciapiede

sabbia e pietrisco
ghiaia
sassi
roccia

Viaggiare

Per spostarsi nei grandi territori che controllavano, i romani avevano costruito molte strade: durante l'impero c'erano 100.000 km di strade principali, cioè larghe e ricoperte di pietra, e molte strade secondarie, più strette e coperte di terra. La strada romana era costruita per durare nel tempo e rimanere sempre in buono stato anche se tutti i giorni passavano migliaia di persone, cavalli e carri. Nella figura si vede come era fatta una strada romana: tanti strati di terra, sassi e sopra grandi pietre piatte, per essere sempre solida, per non sprofondare e per non riempirsi di fango quando pioveva o nevicava. Le strade erano costruite dai soldati, nei periodi in cui non combattevano: i soldati romani erano infatti degli ottimi muratori e ingegneri.

Le strade romane prendevano spesso il nome dall'uomo

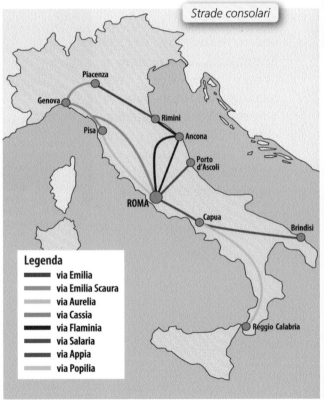

Strade consolari

Legenda
— via Emilia
— via Emilia Scaura
— via Aurelia
— via Cassia
— via Flaminia
— via Salaria
— via Appia
— via Popilia

Piacenza
Genova
Pisa
Rimini
Ancona
Porto d'Ascoli
ROMA
Capua
Brindisi
Réggio Calabria

politico o dal governatore che le aveva fatte costruire: ad esempio la via Aurelia è stata voluta da Aurelio e collegava Roma con Firenze e Pisa, la via Flaminia, che portava a Rimini, da Flaminio, la via Emilia tra Piacenza e Rimini dal console Emilio; la via Salaria, come dice il nome stesso, si dirigeva verso Ascoli e il mare Adriatico sulle strade in cui si commerciava il sale.

Sulla strada si viaggiava a piedi, oppure su carri tirati da buoi, asini o cavalli, a una velocità di 4 o 5 km all'ora. Un cavallo da corsa era molto più veloce, ma anche più costoso e faticoso: lo usavano solo alcuni soldati e i "postini" (i romani avevano un ottimo servizio di posta).

Viaggiare per mare era più veloce, comodo ed economico e infatti molte persone e soprattutto le merci (ad esempio olio, vino, grano, ferro, legno, pietre, vasi e altri prodotti artigianali) si spostavano sulle grandi navi che attraversavano il Mediterraneo. Questo spiega anche perché le principali città romane si trovavavao vicino al mare o a un fiume navigabile. Di solito non si viaggiava in mezzo al mare, ma preferibilmente vicino alla costa, percorrendo circa 70-100 km al giorno; quando il vento era favorevole e il mare buono, si potevano fare anche 150-200 km al giorno. Però da novembre a marzo non si navigava, perché col tempo cattivo le navi rischiavano di affondare.

Viaggiare, sì, ma con calma

Al tempo dei Romani si viaggiava molto, ma non bisognava avere fretta. Ecco i tempi necessari per percorrere alcuni itinerari frequenti.

itinerario	tempo
Da Ostia (il porto sul mare più vicino a Roma, a circa 25 km) a Roma, con una nave tirata da animali o schiavi sul fiume Tevere	3 giorni
In nave, da Ostia in Tunisia con vento favorevole	4 giorni
In nave, da Ostia ad Alessandria d'Egitto con vento favorevole	15 giorni
In nave, da Ostia ad Alessandria d'Egitto con tempo cattivo (poco vento, vento contrario, mare agitato)	40 giorni
Su un carro, da Roma a Milano	16 giorni
Un esercito, da Roma a Napoli	6 giorni
Un soldato-postino a cavallo, da Roma a Napoli	2 giorni

Abitare

Le case dei ricchi

La casa di una famiglia ricca era a un solo piano, con le stanze intorno a due cortili, uno grande e uno piccolo. In mezzo a ogni cortile c'era una vasca piena d'acqua e intorno si aprivano le diverse camere, per dormire, mangiare o per ricevere gli ospiti. C'erano anche la cucina, il bagno e un piccolo altare per gli dei della casa.

Queste case erano molto decorate: i pavimenti

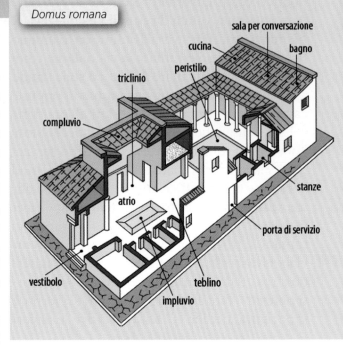

Domus romana

sala per conversazione
cucina
bagno
peristilio
triclinio
compluvio
stanze
atrio
porta di servizio
vestibolo
teblino
impluvio

erano coperti di mosaici con disegni e decorazioni; le pareti erano colorate di rosso, di verde, di giallo e in alcune stanze c'erano anche delle pitture.

Mosaici di una villa romana

D'inverno, per scaldarsi un po' si usavano dei bracieri, cioè dei vasi di bronzo dove bruciava il carbone. Per fare luce c'erano le lucerne, lampade di bronzo o di terracotta dove bruciava l'olio, che faceva una fiamma gialla e poco luminosa: insomma, di notte non si vedeva molto nemmeno con la luce accesa.

C'erano pochi mobili: i più belli erano i letti, di legno pregiato o di bronzo, con un materasso leggero e le coperte; poi alcuni tavolini, poche sedie, divani, qualche cassa, qualche panca.

Braciere

Le case dei poveri

Le famiglie povere vivevano in case molto grandi, così grandi che le chiamavano isole. Siccome a Roma c'era poco spazio per molte persone, le case dei poveri erano alte anche cinque o sei piani. Ogni famiglia aveva una o due stanze, dove vivevano tutti insieme. Dormivano per terra, su un materasso di paglia, e mangiavano su

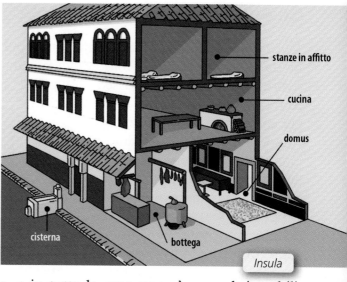

stanze in affitto

cucina

domus

cisterna

bottega

Insula

piccole sedie con un tavolino, e in tutta la casa non c'erano altri mobili. Anche loro usavano le lampade a olio, ma siccome l'olio era costoso, si preferiva stare al buio o con pochissima luce.

Queste case-isole erano costruite male, perché i padroni cercavano di risparmiare: i muri erano sottili, i pavimenti si piegavano e spesso crollavano o si incendiavano.

Gli appartamenti al piano terra erano migliori, e infatti si chiamavano anche domus, come le case dei ricchi. Lì arrivava l'acqua corrente e si poteva avere anche un bagno privato. Tutti gli altri invece andavano ai bagni pubblici: quelli a pagamento, che costavano comunque poco, erano belli e decorati, ci si sedeva tutti insieme, uno accanto all'altro, e si facevano anche due chiacchiere; chi non poteva permetterseli, andava a fare i suoi bisogni su qualche mucchio di rifiuti, oppure in un vaso che poi svuotava in un pozzo al piano terra o anche gettando il contenuto dalla finestra.

Bagni pubblici

Gli edifici pubblici

I romani hanno costruito grandi opere pubbliche, così ben fatte che alcune durano ancora oggi. Molti edifici romani sono scomparsi o sembrano semi-distrutti (come il Colosseo) non perché sono crollati, ma perché le loro pietre sono state usate nei secoli successivi per costruire chiese o palazzi.

L'acquedotto claudio

Gli acquedotti servivano per portare in città l'acqua pulita che veniva dalle colline e dalle montagne: per fare andare l'acqua sempre in discesa bisognava costruire dei ponti o scavare delle gallerie, che passavano sopra valli e colline. Nella foto si vede un acquedotto romano che resiste ancora dopo 2000 anni. Grazie a questi acquedotti a Roma arrivava molta acqua: c'erano fontane dappertutto e anche delle buone fognature.

In tutte le città si trovavano grandi edifici per gli spettacoli. I teatri ospitavano al massimo alcune migliaia di persone, mentre i circhi e gli stadi potevano essere davvero enormi: il famoso Colosseo conteneva 50.000 persone e il Circo massimo è arrivato fino a 300.000 spettatori (i più grandi stadi di calcio del giorno d'oggi contengono circa 80.000 persone). Gli spettacoli preferiti dei romani erano le corse dei cavalli e vari tipi di combat-

Il Colosseo come era in origine

Teatro romano ad Antalya (Turchia)

timento: tra uomini (i gladiatori), tra animali feroci (tigri, leoni, elefanti, bufali), e persino tra navi, quando riempivano tutto lo stadio di acqua.

Altri importanti edifici pubblici erano i mercati, come il famoso mercato di Traiano, o le terme, dove si faceva il bagno, la sauna, ci si rilassava, si parlava, si praticavano sport.

Ricostruzione dei Fori imperiali all'inizio del IV secolo d.C.

I palazzi più belli erano quelli dove si svolgeva la vita politica e religiosa. A Roma c'è ancora oggi una zona dove si vedono le rovine dei Fori imperiali, i palazzi più belli dell'antica Roma. Uno vicino all'altro si trovavano edifici per la vita politica, templi religiosi, monumenti a dei, eroi e imperatori.

La religione

I romani avevano molti dei, ognuno dei quali aveva i suoi compiti e proteggeva certe attività degli uomini. Ad esempio, Marte era il dio della guerra, Venere la dea dell'amore, Giunone la dea delle donne, Mercurio il dio della scienza, Diana la dea della caccia, Cerere la dea dell'agricoltura, Nettuno il dio del mare e Giove il capo di tutti gli dei. Ogni famiglia e ogni casa avevano poi i loro dei, chiamati Lari e Penati, che proteggevano gli abitanti e i luoghi.

Ogni tempio era dedicato a un dio particolare. Nel tempio infatti venivano compiuti i sacrifici, cioè si uccidevano animali e si cuocevano cibi per offrirli al dio o alla dea, perché proteggessero gli uomini e le loro attività.

Un tempio

Lavorare (e non lavorare)

A Roma le persone ricche erano poche: possedevano molte terre in campagna, facevano affari, affittavano case. La maggior parte della gente viveva in condizioni più modeste. I commercianti e gli artigiani, ad esempio, lavoravano nella loro bottega, abitavano in case piccole, anche se pulite e comode, avevano alcuni schiavi e cercavano di risparmiare qualcosa per diventare più ricchi e ingrandire i loro affari. Ma la maggior parte degli abitanti di Roma erano poveri: non avevano un lavoro fisso e cercavano di guadagnare qualcosa con piccoli lavoretti, ma soprattutto si facevano mantenere dallo Stato e dalle famiglie più ricche.

Infatti, tutti i cittadini romani, anche se molto poveri, potevano votare gli uomini politici o comunque li sostenevano mostrando rispetto e stima. I politici dunque, che erano molto ricchi, per avere in cambio i voti e la stima di tutti, accoglievano in casa questi poveri, che diventavano loro "clienti", e li aiutavano con regali, cibo e piccole somme di denaro. Anche l'imperatore regalava cibo ai più poveri. E sia l'imperatore che le famiglie più ricche organizzavano grandi feste e spettacoli aperti a tutti: corse di cavalli, combattimenti di gladiatori, musica e commedie, dove spesso si offriva cibo gratis agli spettatori.

Dobbiamo perciò considerare che durante l'età imperiale a Roma molte persone, almeno 150.000, vivevano di carità pubblica e molte altre ricevevano comunque degli aiuti dallo Stato: soprattutto pane, ma anche verdura e un po' di carne. I giochi e gli spettacoli servivano anche per intrattenere tutta questa gente che non aveva niente da fare.

La famiglia

Il capo della famiglia romana era l'uomo più anziano, chiamato *pater familias*: era lui che decideva tutto, sulla vita dei figli, delle figlie, dei loro sposi e anche dei nipoti. Prendeva anche le decisioni importanti sulla ricchezza della famiglia, sulle case, i terreni, il denaro e poteva persino decidere se tenere i figli appena nati o abbandonarli in strada, dove chiunque poteva raccoglierli per farli diventare schiavi o prostitute.

Le donne avevano molto meno potere degli uomini: non potevano fare politica, non potevano scegliere con chi sposarsi, non prendevano decisioni sulle proprietà della famiglia. Però la donna decideva tutto quello che si doveva fare in casa: la parola italiana *donna* viene infatti dal latino *domina*, che significa "padrona (della casa)".

Le donne più povere restavano in casa per cucinare, pulire, badare ai bambini. Durante la giornata, ma più spesso al mattino, potevano andare a lavarsi e riposarsi alle terme riservate a loro.

Le donne delle famiglie più ricche invece potevano avere delle proprietà tutte loro, andavano a scuola e ricevevano quindi una certa istruzione. A volte uscivano per fare una passeggiata (ma sempre accompagnate), per andare a trovare le amiche o per assistere agli spettacoli. Durante il periodo della repubblica le donne avevano veramente pochissimo potere; più tardi, durante l'impero, iniziano a fare sempre più cose ed essere più libere.

Ci si sposava presto: le ragazze già da 12 anni, mentre i ragazzi potevano sposarsi da 14 anni in su. Bisogna considerare che a quei tempi si viveva poco, in media 40 anni, e che dopo i 30 anni pochissime donne potevano avere ancora dei figli.

Mangiare e bere

I romani non mangiavano seduti, ma sdraiati per terra o su divani. Inoltre, non usavano le forchette, ma prendevano il cibo con le mani e poi si pulivano le dita con acqua fresca e profumata.

La dieta dei romani poveri era molto semplice. Tutti i giorni c'era un pane nero e duro, con verdure e frutta. Spesso preparavano delle zuppe e della polenta di grano o di orzo, con piselli,

Taverna romana

fave e altri legumi. Qualche volta capitava anche del formaggio o delle uova, mentre carne, pesce e dolci si vedevano raramente.

Anche i romani più ricchi mangiavano in modo semplice per colazione e a pranzo: un po' di pane (però bianco e morbido), formaggio, uova, frutta, verdura, olive. Per loro il pasto più importante era la cena, che cominciava nel pomeriggio. C'erano zuppe, carne (soprattutto maiale, pollo, pecora), pesce, verdura, frutta, dolci. Le cene importanti, ad esempio quelle con degli invitati, potevano durare anche cinque o sei ore e comprendevano almeno dieci o quindici piatti diversi. Molte ricette dei romani oggi a noi sembrano strane, anche disgustose: usavano spesso il miele, tante spezie, e una salsa chiamata *garum* dal sapore molto forte, perché era fatta con pesce macerato per 60 giorni e altri aromi (il sapore ricorda un po' la pasta di acciughe). I cuochi più originali cucinavano cose stranissime, come lingue di uccelli, piedi di cammello, pavone arrosto.

Il vino veniva sempre mescolato con acqua, miele e spezie. Durante i pasti si beveva poco, ma dopo cena si continuava a bere per molte ore, cantando e ascoltando musica.

Buon appetito!

Apicio era un ricco romano che amava la cucina. Ci ha lasciato un libro di ricette molto diverso da quelli di oggi: non dice le quantiità esatte degli ingredienti e dà poche spiegazioni su come prepararli. Ecco tre piatti non troppo complicati, che si possono provare a fare anche oggi (se non trovi qualche erba o qualche spezia, usa la fantasia!).

Sarde
Cuocere le sarde e togliere le lische. Tritare pepe, sedano selvatico, timo, origano, ruta, un dattero e miele. Condire in un piatto con uova a pezzetti. Un poco di vino, aceto, mosto cotto e buon olio di oliva.

Castagne
Prendi una pentola pulita e mettici le castagne senza la pelle. Aggiungi acqua, un pizzico di bicarbonato e fai cuocere. Mentre cuociono metti nel mortaio: pepe, cumino, semi di coriandolo, menta, ruta, radice di aglio e trita bene. Aggiungi aceto, miele e garum fino ad avere il gusto che ti piace. Mescola con aceto e versa sulle castagne cotte. Aggiungi olio e fai bollire. Dopo avere bollito per un po' di tempo, schiaccia come si fa di solito nel mortaio. Assaggia e, se manca qualcosa, aggiungila. Metti in una scodella e versa olio di oliva buono.

Salsa per carni lesse
Pepe, sedano selvatico, origano, ruta, silfio, cipolla secca, vino, mosto cotto, miele, aceto e un po' d'olio. Versa questa salsa sulla carne lessa e ben asciugata con un panno.

Rilassarsi

Ci potremmo immaginare i romani, grandi conquistatori e grandi costruttori, sempre impegnati a lavorare. Invece no: erano molto rilassati e amavano il tempo libero. Anzi, l'ideale di ogni romano era l'*otium*, cioè tanto tempo per osservare il mondo, pensare, studiare, parlare, curare il corpo e la mente, con molta calma e senza che tutto questo si potesse chiamare "lavoro".

Anche chi non poteva permettersi di stare tutto il tempo in *otium*, non faticava comunque molto. Innanzitutto, l'anno era pieno di giorni festivi: si può dire che al tempo dell'impero si lavorava in media un giorno sì e uno no. Inoltre, la giornata iniziava presto, al sorgere del sole, ma si era impegnati fino a mezzogiorno, poi si andava tutti a casa, a passeggio o alle terme.

Le terme erano il passatempo preferito dai romani e una delle loro più grandi invenzioni. Erano dei grandi edifici dove si poteva fare la sauna, bagnarsi in piscine di acqua fredda, tiepida o calda, fare ginnastica e giocare, ma anche leggere, studiare e soprattutto parlare e

Mosaico all'entrata delle terme: si vedono le ciabatte da bagno e i ferri curvi che servivano per togliersi l'olio e lo sporco

discutere. Da un punto di vista pratico, le terme servivano anche per lavarsi. I romani non conoscevano il sapone: per pulire la pelle si coprivano di cenere o di polvere di speciali pietre, poi si ungevano con olio e alla fine toglievano questa miscela di sporco, polvere e olio con un ferro arrotondato. Le terme erano aperte tutto il giorno, ma l'ora di punta era sicuramente il pomeriggio, quando molti vi si fermavano per lavarsi e rilassarsi prima di tornare a casa. Per accontentare tutti, nella Roma imperiale c'erano undici grandi terme pubbliche, capaci di contenere migliaia di persone, e centinaia di bagni privati. Le terme si trovavano in tutte le città dell'impero, anche le più piccole, e persino nelle fattorie di campagna e negli accampamenti dei soldati: insomma, ai romani sembrava quasi impossibile vivere senza terme. I più ricchi addirittura se le costruivano in casa.

Normalmente uomini e donne andavano in bagni diversi o entravano in diversi orari; in certi periodi però sono esistite terme dove uomini e donne facevano il bagno insieme. Andare alle terme costava pochissimo, e alcuni imperatori e governatori, per mostrare la loro generosità, facevano anche entrare gratis.

Oltre alle terme, lo Stato romano offriva ai cittadini anche molti spettacoli gratuiti o a basso prezzo. A Roma ogni giorno, e soprattutto in quelli festivi, si poteva scegliere tra varie commedie teatrali, letture pubbliche di testi di scrittori classici o contemporanei, corse di carri e cavalli, combattimenti tra uomini o tra uomini e animali.

Anfiteatro romano

La giornata di un artigiano romano

Appena sorge il sole, e spesso anche prima, il romano scende dal letto, si infila i sandali, si copre con il mantello ed è già pronto per uscire. Durante la notte ha dormito con lo stesso vestito che porta durante il giorno, quindi non serve cambiarsi. Non si lava, perchè è stato alle terme la sera prima; al massimo, si bagna mani e faccia con un po' d'acqua fresca. Per colazione beve solo un bicchiere d'acqua, oppure mangia un po' di pane, frutta o verdura. Come prima cosa fa visita all'uomo ricco e importante di cui è cliente, che spesso gli fa qualche piccolo regalo o gli dà del cibo da portare a casa. Poi va in bottega e lavora fino a mezzogiorno, quando chiude tutto per mangiare un pranzo leggero. Nel pomeriggio va a fare un giro al Foro (oggi diremmo 'un giro in centro') e alle terme. Una o due volte alla settimana deve anche andare dal barbiere per farsi la barba: un'operazione lunga e dolorosa, fatta con un rasoio di ferro e il viso bagnato solo con acqua; però è necessario, perché i romani considerano molto indecente non essere ben rasati. Prima di sera arriva a casa, dove lo aspetta una cena calda. Appena scende la notte, chiude bene la porta e rimane in casa: girare di notte è molto pericoloso, le strade sono completamente buie e piene di ladri. Però la notte non è per niente silenziosa: passano un gran numero di carri e di animali, che di giorno non possono circolare perché se no il traffico in strada sarebbe troppo (le vie di Roma durante il giorno sono sempre piene di gente). I giorni di festa sono molto simili, ma la bottega resta chiusa e si può andare a vedere qualche spettacolo.

La crisi e la fine dell'impero romano

Non era facile governare un impero grande come quello romano. I popoli delle province protestavano perchè volevano più libertà e meno tasse. Roma quindi doveva rinforzare l'esercito per controllarli, ma questo costava molto, e quindi bisognava aumentare le tasse, rendendo le province ancora più nervose. Con tutte queste tasse l'economia andava male, la gente era più povera e scoppiavano sempre più ribellioni e guerre civili. Negli ultimi secoli dell'impero, chi comandava erano soprattutto l'esercito e i suoi generali,

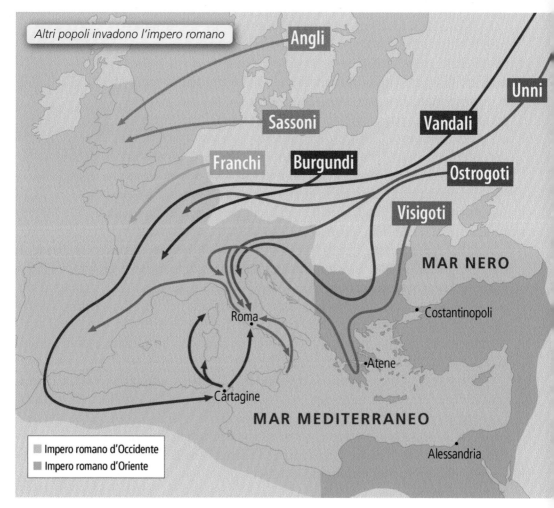

Altri popoli invadono l'impero romano

Angli
Unni
Sassoni
Vandali
Franchi
Burgundi
Ostrogoti
Visigoti
MAR NERO
Costantinopoli
Roma
Atene
Cartagine
MAR MEDITERRANEO
Alessandria

■ Impero romano d'Occidente
■ Impero romano d'Oriente

che spesso condizionavano l'imperatore, o addirittura lo cacciavano e ne sceglievano un altro. Ma anche l'esercito non era più come una volta. I soldati non erano più romani, come ai tempi della repubblica, ma venivano da tutte le province. Quindi non c'era più quell'unità, quell'idea di nazione, ma ognuno pensava agli interessi della sua gente e della sua famiglia.

Ma i problemi venivano anche dall'esterno. I popoli che vivevano fuori dai confini dell'impero cercavano di conquistare nuovi territori e le grandi ricchezze dei romani. I romani chiamavano questi popoli *barbari*, come già i greci chiamavano gli stranieri che non sapevano parlare la loro lingua, perché non li capivano e gli sembrava che pronunciassero suoni senza senso come *bar-bar*. I romani consideravano queste popolazioni poco civili, quasi selvagge: non costruivano grandi edifici, non si vestivano in modo raffinato, non avevano un'organizzazione sociale complessa e un sistema di leggi scritte. Però erano grandi guerrieri e sconfiggono i romani diverse volte, fino ad arrivare anche a saccheggiare Roma nel 410 e nel 455.

Nel 313 d.C. l'imperatore Costantino prova a migliorare la situazione aiutando i cristiani. Nei primi secoli i cristiani erano considerati con sospetto, perché non volevano adorare l'imperatore come un dio, e a volte venivano uccisi o imprigionati. Eppure erano degli ottimi cittadini: rispettavano le leggi, pagavano le tasse, lavoravano onestamente, non si ribellavano. Costantino quindi pensa che potrebbero diventare un buon modello per tutti gli altri e fa diventare il cristianesimo la religione ufficiale dell'impero; qualche vescovo viene persino incaricato di governare certe zone. È in questo momento che la Chiesa comincia ad avere un potere politico, che diventerà sempre più grande nel Medioevo.

Costantino

Ma anche l'aiuto della Chiesa non basta. L'impero romano si divide in due, per poterlo governare più facilmente: una parte a Est, e una a Ovest. La parte a Est (Impero d'Oriente) resiste abbastanza bene alle invasioni dei popoli barbari, anzi diventa più ricca. Addirittura nel 330 Costantino trasferisce la capitale dell'impero da Roma alle rive del Bosforo, dove c'era l'antica città greca di Bisanzio e che da allora prenderà il suo nome e si chiamerà Costantinopoli (oggi è Istanbul, in Turchia).

La parte a Ovest (Impero d'Occidente), dove c'era anche Roma, diventava invece sempre più debole: molti popoli del Nord ed Est Europa entravano sempre più facilmente, occupando grandi territori. L'imperatore romano ormai non aveva più potere e nel 476 un re straniero prende il posto dell'ultimo imperatore. Finisce così l'impero romano in Europa, e comincia quell'epoca che gli storici chiamano Medioevo.

Cosa è il Medioevo?

Il Medioevo è un periodo di circa mille anni che si può far cominciare nel 476 e finire nel 1492. Perché queste due date sono così importanti? Nel 476 finisce l'impero romano nell'Europa occidentale: ciò significa che il grande territorio che andava dall'Inghilterra al Nord Africa non ha più un solo imperatore, ma diversi re e signori comandano sulle diverse regioni. Nel 1492 invece Cristoforo Colombo arriva in America e per gli europei questo significa scoprire un nuovo mondo.

Nel 476 finisce qualcosa di grande, come l'impero romano; nel 1492 inizia un'altra epoca molto importante, con viaggi, scoperte e nuovi modi di

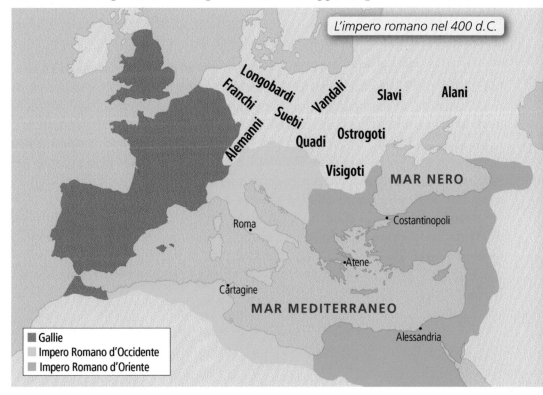

L'impero romano nel 400 d.C.

Longobardi
Franchi
Suebi
Vandali
Slavi
Alani
Alemanni
Quadi
Ostrogoti
Visigoti
MAR NERO
Roma
Costantinopoli
Atene
Cartagine
MAR MEDITERRANEO
Alessandria

- Gallie
- Impero Romano d'Occidente
- Impero Romano d'Oriente

pensare e di vivere. Il periodo tra queste date sembrava alle persone del 1500 un'epoca "di mezzo", e infatti Medioevo significa proprio "età di mezzo". Molti credono che il Medioevo sia un tempo buio, in cui i popoli europei erano poveri, ignoranti e male organizzati. Certo, se pensiamo alla grandezza dell'impero romano, o alle scoperte e ai cambiamenti avvenuti dopo il 1400, il Medioevo appare come un periodo difficile.

Eppure il Medioevo è anche un'epoca importantissima per la storia europea. In questi secoli arrivano in Europa popoli nuovi, altri si spostano da una regione all'altra, e gli europei imparano molte cose, soprattutto dagli arabi. Durante il Medioevo si formano grandi stati come la Francia, la Spagna, l'Inghilterra, e nascono le lingue europee, come l'italiano, il francese, il tedesco, lo spagnolo. Anche la cultura medievale, soprattutto dopo il 1000, è molto ricca e vivace.

Di solito si divide il Medioevo in due grandi periodi. I primi 500 anni si chiamano Alto Medioevo e vanno dal 476 al 1000; i secondi 500 anni si chiamano Basso Medioevo e vanno dal 1000 al 1492.

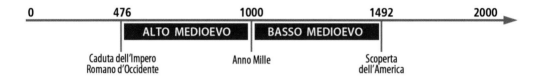

Il periodo dal 476 al 1000 è stato molto difficile per tutta l'Europa. Non c'era più la grande organizzazione dell'impero romano; nessuno riparava le strade, si viaggiava poco, nessuno difendeva le città dagli attacchi degli altri popoli o delle bande di briganti. Le città venivano abbandonate e le persone andavano a vivere in piccoli paesi in montagna, dove erano più sicure, ma sempre più isolate. Per capire questa crisi basta pensare che nel 300, verso la fine dell'impero romano, in Italia vivevano otto milioni di persone, nel 1000 solamente quattro milioni e mezzo.

Dopo il 1000 c'è stato un grande rinnovamento: nascono nuovi modi di vivere, di lavorare, di pensare; ci si sposta più facilmente e molti vanno a vivere in città. In effetti, si può dire che una ri-nascita inizi già nei primi secoli dopo l'anno 1000, anche se molti storici chiamano Rinascimento un periodo che inizia intorno al 1500.

Chi comanda nel Medioevo?

Il potere politico nel Medioevo

Dopo la fine dell'Impero romano non c'era più un solo imperatore, ma tanti re e signori, che comandavano su territori grandi o piccoli. Alcuni di questi re provenivano dai popoli che i romani chiamavano barbari, in particolare dai popoli germanici, che però avevano una grande ammirazione per l'impero romano. Si formano perciò dei regni chiamati romano-germanici: ciò significa che il re è germanico ma organizza il suo Stato in modi simili a quelli dei romani; inoltre, la popolazione del regno è sia romana che germanica. Negli anni intorno all'800 un grande re germanico, Carlo Magno, torna a chiamarsi imperatore, come al tempo dei romani, e riesce a controllare un territorio detto Sacro Romano Impero che comprendeva la Germania, la Francia e quasi tutta l'Italia.

Dunque tra l'800 e l'inizio del 1100 l'Italia del Centro-Nord viene

L'impero di Carlo Magno e gli altri regni dell'epoca (814)

Regno dei Pitti
Regno degli Anglo-sassoni
Regno dei Bretoni
Sassonia
Neustria
Austrasia
Sacro Romano Impero
Burgundia
Alemannia
Baviera
Carinzia
Lombardia
Regno delle Asturie
Aquitania
Regno d'Italia
Roma
Emirato di Cordoba
Ducato di Benevento
MAR NERO
Costantinopoli
Impero Romano d'Oriente
MAR MEDITERRANEO

governata dagli imperatori di origine germanica; ma già dal 1100 le grandi città diventano sempre più indipendenti, a cominciare da quelle come Venezia e Pisa, che erano molto ricche perché con le loro navi commerciavano in tutto il mondo.

Nell'Italia del Sud la situazione è più complicata. Nel periodo tra il 600 e il 1000 alcuni territori erano governati da quella parte di impero romano che ancora resisteva e si chiamava Impero romano di Oriente: la sua capitale, Costantinopoli, era detta anche Bisanzio, e l'impero d'Oriente era detto anche Impero bizantino. Altre zone appartenevano invece a nobili di origine germanica, i longobardi. Verso il 1000 arrivano dal Nord Europa altri guerrieri, i normanni: occupano prima la Puglia, poi conquistano la Sicilia e alla fine diventano padroni di tutta l'Italia meridionale.

La Sicilia dall'827 fino al 1091 è stata governata dagli arabi e in quel periodo era una delle regioni più ricche d'Europa. Gli arabi avevano portato la loro cultura, le loro scoperte scientifiche, una buona organizzazione dello Stato e nuove piante come le arance, il gelso, la canna da zucchero e la palma da datteri.

La Cappella Palatina a Palermo

Anche quando gli arabi lasciano la Sicilia, rimangono molti aspetti della loro cultura, ad esempio nei modi di cucinare, di coltivare o di costruire. I primi re normanni ne approfittano con intelligenza e fanno costruire chiese e palazzi che uniscono gli aspetti migliori dell'arte araba, europea e bizantina. L'esempio più famoso è la cappella del Palazzo del Re a Palermo, che oggi viene detta Capella Palatina. Questa bella chiesa è stata costruita dopo il 1130: la forma ricorda le chiese europee, i muri hanno mosaici di tipo bizantino e i soffitti presentano una decorazione tipicamente araba, le *muqarnas*, che ancora oggi si possono vedere in tanti palazzi e moschee dei paesi musulmani.

Nel 1220 diventa imperatore Federico II, figlio dell'imperatore tedesco Enrico VI e di una figlia dei re normanni: quindi eredita i territori dell'impero in Germania e nel Nord Italia, ma anche quelli dei normanni nel Sud Italia. Federico II era un imperatore mezzo tedesco e mezzo siciliano, che conosceva bene anche gli arabi e la loro lingua: insomma, una persona davvero speciale, colta e intelligente.

Come al tempo dei romani, anche nel Medioevo l'imperatore non poteva governare da solo tutti i suoi territori. Doveva quindi nominare delle persone di sua fiducia, per dare loro il controllo di grandi zone, che si chiamavano feudi. Queste persone erano dette nobili, o feudatari: i più potenti, come i duchi e i conti, potevano a loro volta affidare una parte delle loro terre ad altri nobili, meno potenti, come i baroni. Si creava così una specie di piramide, con l'imperatore sopra tutti e gli altri che seguivano in ordine di importanza. Ognuno controllava un territorio, più o meno grande, e ognuno si impegnava ad aiutare chi stava sopra di lui a combattere in guerra. Solo i nobili infatti avevano armi e cavalli e si chiamavano infatti cavalieri. All'inizio l'imperatore dava la terra ai nobili in prestito, in cambio della loro fedeltà, e la riprendeva quando morivano. In seguito, i nobili cominciano a lasciare ai figli i loro feudi, che appartenevano così per sempre alla loro famiglia. In questo modo i nobili diventavano sempre più forti e l'imperatore sempre più debole.

I feudi potevano essere o piccolissimi o grandi come un intero Stato del giorno d'oggi. Chi non era nobile non aveva alcun potere: i contadini erano una proprietà del feudatario, come se fossero degli schiavi; gli abitanti delle città invece erano più liberi e un poco alla volta arrivano a non riconoscere più il potere dei nobili e dell'imperatore. Anche gli uomini di Chiesa erano relativamente liberi, ma dovevano obbedire al papa e ai vescovi.

ieri e oggi

Il sistema feudale non è esistito solo nel Medioevo. Quasi tutte le campagne del Sud d'Italia erano organizzate in modo feudale fino all'inizio del 1900: i nobili controllavano grandi territori dove lavoravano e vivevano migliaia di contadini. Questi non erano più dei veri schiavi, perché non venivano comprati e venduti, però in pratica tutta la loro vita dipendeva dal nobile: lavoravano la sua terra e potevano tenere solo una parte di quanto guadagnavano.
Ancora oggi si parla di sistema feudale quando poche persone molto potenti controllano altre persone più deboli come se fossero una loro proprietà: il grande feudatario dà un po' di potere al piccolo feudatario, che in cambio rimane fedele e obbediente. Ad esempio, si dice spesso che l'università in Italia sia una specie di sistema feudale: i professori anziani sono chiamati 'baroni' e a volte hanno un controllo completo sui professori più giovani. Si discute molto su come si possa cambiare questa situazione per aiutare i professori più giovani a fare carriera senza essere dipendenti dai 'baroni'.

Insomma, verso la fine del Medioevo l'imperatore doveva fare accordi e a volte combattere con altri poteri: con la Chiesa ma anche con le città, che diventavano sempre più ricche e forti. Nella carta si vedono i principali centri economici nel Duecento: le città italiane si erano organizzate in comuni,

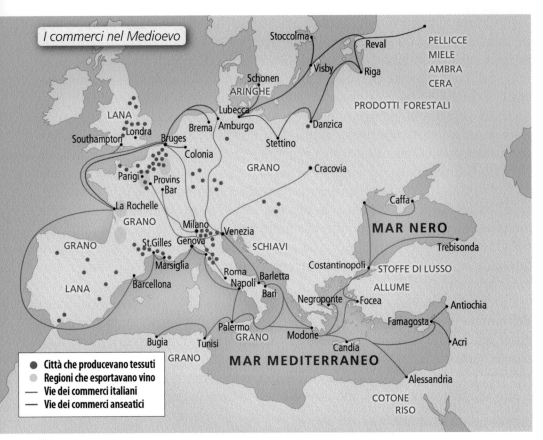

parzialmente indipendenti, mentre quelle del Nord Europa formavano una lega chiamata Hansa, con lo stesso scopo di essere più indipendenti dall'imperatore e dai feudatari.

Il potere religioso nel Medioevo

Nel Medioevo la religione aveva un'importanza fondamentale per la vita delle persone. Praticamente tutti in Europa erano cristiani ed erano convinti che tutto dipendesse da Dio, che bisognasse quindi pregare molto e seguire gli insegnamenti della Chiesa.

Anche gli artisti medievali si ispiravano quasi sempre alla religione per le loro opere. *La Divina commedia*, scritta da Dante Alighieri all'inizio del 1300, parla di quello che succede alle persone dopo la morte secondo le idee del cristianesimo medievale. Anche i pittori dipingevano immagini dell'Inferno e del Paradiso, oppure storie della Bibbia o ritratti di Gesù, della Madonna, dei santi.

Chiesa/chiesa e altre maiuscole importanti

In italiano chiesa, con la c minuscola, significa una costruzione di pietra e di mattoni, dove *[brick.]* le persone vanno a pregare, mentre Chiesa, con la C maiuscola, indica l'insieme di tutti i cristiani. Allo stesso modo, stato con la s minuscola indica una certa condizione (ad es. *questa casa è in buono stato*), mentre Stato con la maiuscola significa un'organizzazione che amministra un certo territorio, come lo Stato italiano. Infine, è importante anche distinguere tra un paese con la p minuscola, che indica un piccolo gruppo di case *[village]*, e Paese con la maiuscola, che indica una nazione, come l'Italia o la Germania.

Anche la Chiesa era organizzata come una piramide. Al primo posto c'era il papa, che sceglieva i vescovi e li metteva a capo di grandi territori. I vescovi a loro volta nominavano i preti, che controllavano territori più piccoli, le parrocchie. Un po' più indipendenti erano i monaci: anche loro avevano scelto di dedicare tutta la vita al servizio di Dio, ma stavano nei monasteri, che erano costruzioni grandi come castelli o piccole città, in cui pregavano e lavoravano; anche i monasteri controllavano delle terre dove abitavano e lavoravano molti contadini. *[peasants/farmers.]*

Le due piramidi del potere politico e religioso a volte si mettevano d'accordo per dividersi il controllo delle terre e delle persone, a volte si combattevano tra loro perché il papa voleva comandare sull'imperatore, mentre l'imperatore voleva nominare i vescovi e lo stesso papa.

Il potere politico

IMPERATORE

GRANDI FEUDATARI
(duchi, marchesi, conti)

PICCOLI FEUDATARI
(baroni, signori, cavalieri)

POPOLO

Il potere religioso

PAPA

VESCOVI

PRETI

POPOLO

la storia e le storie

Chi comanda: il papa o l'imperatore?

Nel Medioevo gli imperatori erano spesso più potenti dei papi: decidevano chi sarebbe diventato papa, poi lo controllavano in vari modi, soprattutto scegliendo quali vescovi nominare, così che anche loro diventavano come dei feudatari dell'imperatore. Questi vescovi-feudatari pagavano per essere eletti, poi facevano quello che volevano per arricchirsi sempre di più, invece di dare il buon esempio e occuparsi delle cose di Dio.

Nel 1059 il papa Niccolò II decide di riprendere il controllo della situazione e inizia a nominare i vescovi liberamente. Cosa risponde l'imperatore? Niente, perché in quegli anni l'imperatore era un bambino! Si chiamava Enrico IV: suo padre era morto quando aveva sei anni e lui, anche se era diventato subito imperatore, non poteva comandare fino all'età adulta, cioè quindici anni.

Appena Enrico IV compie quindici anni vuole tornare a fare come gli imperatori prima di lui, cioè nominare i vescovi e scegliere un papa che stia buono e non gli dia fastidio. Il papa di quegli anni, Gregorio VII, però non è per niente d'accodo e scomunica l'imperatore, cioè lo dichiara fuori dalla Chiesa. A quei tempi, se l'imperatore era fuori dalla Chiesa nessuno doveva più obbedirgli, e quindi i feudatari e tutti gli altri potevano fare ciò che volevano.

È un duro colpo per Enrico IV, che in quel periodo stava proprio combattendo contro dei grandi feudatari che volevano più terre e più potere. Era impossibile combattere allo stesso tempo contro il papa e i grandi feudatari, bisognava fare la pace con qualcuno.

Enrico IV decide quindi di fare pace con il papa; per dimostrare che si è pentito sinceramente, va come un povero, con un vestito di semplice stoffa. Il papa si trovava in quei giorni in visita da una sua alleata, la grande contessa Matilde di Canossa, nel suo castello sui monti. Il papa fa aspettare l'imperatore Enrico per tre giorni fuori dalla porta, a morire di freddo in mezzo alla neve. Alla fine lo fa entrare e lo perdona, ma gli fa anche promettere che in futuro non pretenderà più di scegliere i vescovi. Ancora oggi in molte lingue 'andare a Canossa' significa fare penitenza e chiedere pubblicamente perdono.

Questa pace dura per un po' di tempo, abbastanza per consentire a Enrico IV di vincere contro i feudatari ribelli. Appena ha sconfitto questi nemici in Germania, scende in Italia, manda via Gregorio VII e sceglie un nuovo papa. Ma la storia non finisce qui. Enrico aveva ancora tanti nemici: i soliti grandi feudatari, le città italiane, persino i suoi figli. Proprio uno dei suoi figli arresta Enrico e prende il potere al suo posto.

Dopo la morte di Enrico IV e Gregorio VII, chi comanda in Europa? Ci vogliono ancora molti anni di guerre per trovare questa soluzione di compromesso: i vescovi erano scelti insieme sia dal papa che dall'imperatore; l'imperatore affidava al vescovo l'amministrazione del territorio, mentre il papa lo incaricava di guidare le persone dal punto di vista religioso.

Dove si vive nel Medioevo

Abbiamo detto che il Medioevo è un periodo molto lungo, in cui le cose non sono certo rimaste sempre uguali. In particolare, dopo l'anno 1000 si sono avuti grandi cambiamenti. Mentre prima quasi tutti vivevano in campagna, in villaggi o case sparse vicino a un castello o a un monastero, e l'economia era molto limitata, dopo il 1000 le città ricominciano a crescere e ripartono i commerci e le attività produttive. In questo capitolo parleremo soprattutto della vita in Italia dopo l'anno Mille.

Il castello

Quando si pensa al Medioevo, si pensa subito ai castelli, grandi costruzioni fatte per difendersi dai nemici. Nel Medioevo si costruivano molti castelli perché ci si sentiva poco sicuri: c'erano banditi, guerre, invasioni di altri popoli. Alcuni castelli si trovavano nelle città o nei paesi, altri erano costruiti in alto, su una collina, perché così era più facile difendersi.

Castel del Monte, in Puglia

Anche molti paesi che al tempo dei romani erano in basso, vicino ai fiumi, nel Medioevo vengono spostati in alto, sulle colline, per difendersi meglio: si chiamano "paesi incastellati".

L'interno di un castello

Nel castello abitavano il feudatario, la sua famiglia, i suoi soldati e i suoi servitori; contadini, artigiani e altre persone che lavoravano nel feudo abitavano vicino al castello, dove si rifugiavano in caso di pericolo. Le stanze erano molto semplici. C'era un grande salone dove il feudatario riceveva gli ospiti: le pareti erano dipinte o coperte di tessuti preziosi. Nel castello c'erano pochi mobili e alcuni grandi camini per riscaldarsi. Il freddo era il grande nemico dell'uomo medievale, sia ricco che povero. La legna era poca, i camini non scaldavano bene e le finestre non avevano vetri: erano molto piccole e si chiudevano con pelli o pezzi di legno per non fare uscire il poco caldo che c'era nella stanza.

* spostare — to move.

Il monastero

Codice miniato

Anche i monasteri erano costruzioni grandi e forti, e si trovavano spesso su colline e montagne, per difendersi meglio. Nel monastero vivevano i monaci, che passavano la giornata pregando e lavorando.

Intorno al monastero c'erano le case per i contadini che coltivavano le terre della zona. Il monastero li trattava come il feudatario del castello: dava loro la terra e li proteggeva dai nemici, però voleva in cambio una parte dei prodotti e del loro lavoro.

Nei monasteri si trovavano anche grandi biblioteche dove si conservavano i libri. A quei tempi i libri erano pochi e molto preziosi: non esisteva la stampa e bisognava copiarli a mano. Non c'era nemmeno la carta: i volumi erano fatti di pelle di pecora o di vitello, che costava molto, così a volte per risparmiare si cancellava un "vecchio libro" (magari un antico testo greco o latino!) per scrivere sulle stesse pagine qualcosa di più recente. Il lavoro di molti monaci era proprio quello di copiare i libri, in modo da averne più copie per poterle vendere o scambiare con libri di altri monasteri: uno leggeva il libro ad alta voce, come in un dettato, e altri dieci o venti monaci scrivevano tutti insieme. Alcuni monaci facevano sui libri dei disegni piccoli ma molto belli, le miniature; i libri con le migliori miniature venivano prodotti per le persone più importanti.

Il monastero

Casa dell'Abate — Campanile — Albergo dei pellegrini — Dormitorio — Chiesa — Chiostro — Orto — Convento dei novizi — Cimitero — Giardinieri — Bagni — Refettorio — Officine — Forno — Cucine — Granai — Magazzino — Pollaio — Stalle

Nel monastero ci sono:

la chiesa:
posto dove i monaci pregano molte volte al giorno

il campanile:
torre con una campana che suona ogni volta che i monaci devono andare a pregare

il chiostro:
cortile con un portico, dove si può camminare al coperto

il refettorio:
sala dove mangiano i monaci

il dormitorio:
le stanzette dove i monaci dormono

l'orto:
terreno per coltivare frutta e verdure

Le case dei contadini in campagna

Nelle terre vicine al castello o al monastero abitavano i contadini, che lavoravano in campagna per il feudatario o per i monaci. Abitavano in case molto povere, che spesso non erano nemmeno case, ma capanne di legno e terra col tetto di paglia e il fuoco in un angolo, senza camino, per cui l'ambiente si riempiva di fumo. Vivevano tutti in una sola stanza, uomini e animali insieme. I contadini potevano entrare nel castello o nel monastero solo quando c'erano pericoli, ad esempio quando un esercito nemico o dei briganti attaccavano la zona.

Il signore del castello e i monaci del monastero consideravano queste persone come schiavi, cioè qualcosa che apparteneva a loro, come le case, gli animali, gli attrezzi da lavoro. In un documento medievale dove si parla della fattoria di Grilliano, che apparteneva al monastero di Santa Giulia vicino a Brescia, si contano le persone che abitano nella fattoria (gli "schiavi") come si contano gli animali. Poi si parla dei contadini che avevano la terra in affitto: erano un po' più liberi, ma per avere la terra dovevano dare al monastero denaro, grano, pecore, attrezzi e tante giornate di lavoro gratis.

Capanna di contadini

Nella corte di Griliano ci sono 5 capanne, 2 case con camino in muratura, campi per seminare 1500 kg di cereali, vigna che produce 30 anfore di vino, di prato [...], e una foresta incolta. Gli schiavi che abitano nella corte sono 11 maschi adulti, 11 femmine, 14 bambini [...]; 20 porci; 9 capre, 8 oche, 20 polli; nel granaio ci sono 450 chili di frumento, 160 chili di segale, orzo e avena, di legumi 55 chili; un mulino che rende 80 chili di farina all'anno; le persone che hanno terra in affitto sono 28, le fattorie disabitate 17; tutti insieme pagano 12 soldi, 110 kg di grano, 13 pecore, 12 formaggi, 20 vomeri, 3 scuri, 1 mannaia, 2 forconi di ferro, e altri 30 kg di ferro, 10 panni grezzi, 100 kg di legumi, 11 polli, 55 uova. Le persone che hanno terre in affitto offrono al monastero ogni anno 2850 giornate di lavoro.

Un altro documento medievale che racconta come viveva il popolo germanico dei Bavari spiega tutte le cose che dovevano fare i contadini per il feudatario o il convento.

I contadini devono dare al feudatario un chilo di grano ogni tre chili di grano che producono, devono dare la metà del lino, il decimo del miele, quattro polli e venti uova. Devono fare tutti i lavori nei campi, aggiustare le costruzioni della casa e della fattoria, tenere in ordine i recinti. Se il signore deve mandare dei messaggi devono dargli i cavalli; se non hanno i cavalli, devono portare loro i messaggi. Devono anche trasportare le cose del signore con i loro carri.

La città

Anche le città medievali erano difese da mura, come dei grandi castelli. Siccome tutti volevano abitare dentro le mura, per essere sicuri e difesi dai nemici, si costruivano molte case in poco spazio: le strade finivano per essere strette e le case ammucchiate una sopra l'altra. Inoltre ognuno costruiva la sua casa o il suo palazzo come e dove poteva, senza un progetto dell'intera città come al tempo dei romani. In questo modo la città medievale assomigliava a un labirinto, con tante stradine strette, storte, con case e piccole piazze di forma irregolare. Nelle carte qui sotto si vede la pianta di Bologna in epoca romana e medievale: nel centro sono rimaste le principali strade romane, ma intorno ne sono cresciute tante altre in tutte le direzioni.

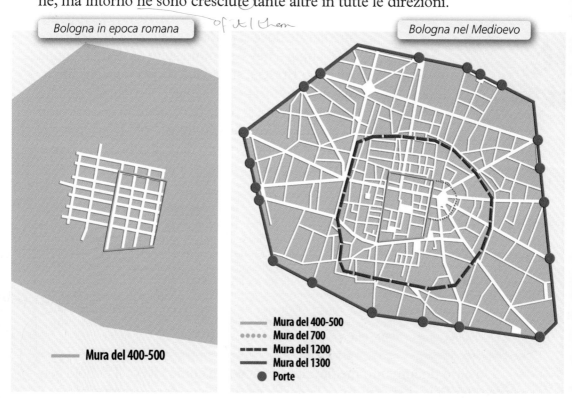

Bologna in epoca romana

Bologna nel Medioevo

Mura del 400-500

——— Mura del 400-500
••••• Mura del 700
– – – Mura del 1200
——— Mura del 1300
● Porte

Durante l'impero romano le città erano grandi e ricche. Tra il 500 e il 1000 le città diventano più piccole e più povere, ma continuano ad avere una certa importanza, perché in città abitavano il vescovo, il re e alcuni feudatari.

Dopo il 1000 le città tornano a crescere, perchè le persone ricominciano a viaggiare, a produrre, a commerciare. Inoltre sempre più contadini lasciavano le campagne, dove erano trattati come servi, per andare in città, dove diventavano uomini liberi. Bisognava quindi allargare le mura della città per fare posto a tutte queste persone che arrivavano: nella pianta di Bologna si vedono diverse cerchie di mura costruite tra il 400 e il 1390. Anche in un'altra città italiana come Firenze dal 1078 al 1333 sono state costruite tre cerchia di mura, man mano che la città si riempiva di abitanti e venivano costruiti nuovi quartieri.

Gli artigiani delle città diventano sempre più numerosi nel periodo dopo il 1000. Molti filavano, tessevano e coloravano la lana per fabbricare stoffe. Altri, i fabbri, producevano oggetti in metallo come chiavi, serrature, attrezzi per lavorare la terra, ma anche spade, corazze ed elmi. Altri ancora lavoravano oggetti in cuoio e in pelle, oppure pellicce. Nelle città gli artigiani che lavoravano nello stesso settore si riunivano in associazioni dette arti o corporazioni: ne esistevano per i lavoratori della lana, i tintori, i fabbri, ma anche per i medici, i notai e i giudici.

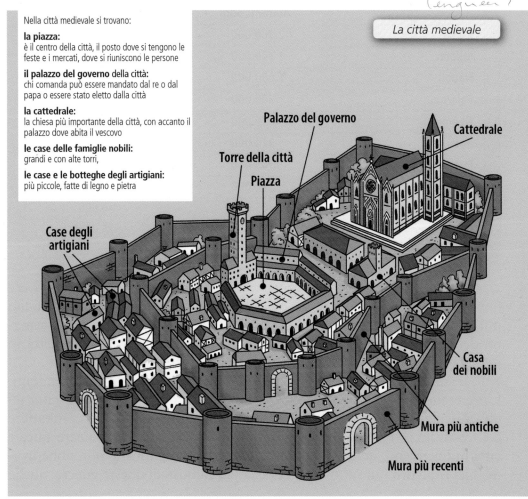

Nella città medievale si trovano:

la piazza:
è il centro della città, il posto dove si tengono le feste e i mercati, dove si riuniscono le persone

il palazzo del governo della città:
chi comanda può essere mandato dal re o dal papa o essere stato eletto dalla città

la cattedrale:
la chiesa più importante della città, con accanto il palazzo dove abita il vescovo

le case delle famiglie nobili:
grandi e con alte torri,

le case e le botteghe degli artigiani:
più piccole, fatte di legno e pietra

La città medievale

Palazzo del governo
Cattedrale
Torre della città
Piazza
Case degli artigiani
Casa dei nobili
Mura più antiche
Mura più recenti

Dopo il 1000 le città cambiano aspetto: si costruiscono nuove chiese e palazzi pubblici per il governo della città, e i palazzi dei nobili, che avevano quasi sempre una torre per difendersi e per mostrare potere e ricchezza.

Le città medievali non erano grandi come oggi: tra il 1200 e il 1300 in Europa solo pochissime, come Parigi, avevano più di 100.000 abitanti. Roma, che al tempo dell'impero romano aveva un milione di abitanti, nel Medioevo si era ridotta a una cittadina di 35.000 persone, mentre altre città che nel Medioevo erano relativamente importanti, come Pavia o Venezia, oggi sono relativamente piccole.

ieri e oggi

Alcune città italiane e i loro abitanti, oggi e nel periodo del loro massimo sviluppo nel Medioevo (1280-1300 circa).

Città	Abitanti oggi	Abitanti nel Medioevo
Roma	2.700.000	35.000
Milano	1.300.000	200.000
Napoli	1.000.000	30.000
Palermo	660.000	50.000
Genova	610.000	75.000
Bologna	370.000	50.000
Firenze	365.000	100.000
Venezia	270.000	100.000
Verona	265.000	40.000
Pavia	70.000	25.000

Le città, sempre più ricche, volevano governarsi da sole, senza dovere obbedire all'imperatore o ai vescovi e pagare loro le tasse. Perciò i cittadini più importanti, ricchi mercanti e artigiani, banchieri e professionisti, formano delle associazioni dette "comuni", che iniziano a governare le città in modo autonomo, con i loro capi, le loro monete, il loro esercito.

Insomma, i comuni diventano come dei piccoli Stati indipendenti. L'imperatore naturalmente non è contento, perché vuole che le città gli obbediscano, gli paghino le tasse e non abbiano un esercito per combattere contro di lui. Diversi imperatori hanno usato la forza per piegare queste città indipendenti, attaccando e distruggendo i comuni che non obbedivano. Nel riquadro qui sotto si parla della più famosa di queste guerre, quella tra l'imperatore Federico Barbarossa e le città del Nord Italia.

Questa guerra tra comuni e Impero non è stata né la prima né l'ultima. Nonostante ciò, tra il 1000 e il 1200 si sono formati comuni in molte città del Centro-Nord, come Milano, Asti, Arezzo, Pisa, Genova, Firenze, Ferrara, Lucca, Cremona, Piacenza. Nel '200 e '300 i comuni più grandi come Milano e Firenze iniziano a governare le campagne vicine; poi conquistano anche le città più piccole e i castelli sino a governare su intere regioni. Così, per esempio, nel '400 il comune di Firenze controllava buona parte della Toscana.

la storia e le storie

Chi è più forte, l'imperatore o i comuni?

Nel 1154 l'imperatore Federico, detto Barbarossa, decide che è ora di far finire la libertà e l'indipendenza dei comuni italiani. Manda perciò un suo governatore in tutte le città principali, per riprendere il controllo della situazione. I comuni italiani ormai si sentono forti, indipendenti, liberi e non sopportano questi dominatori stranieri (l'imperatore infatti era tedesco, come tutti gli altri prima di lui). Alcune città quindi cacciano via il governatore imperiale e continuano a governarsi da sole.

'Ma chi si credono di essere queste città italiane, che si ribellano a un imperatore che comanda su mezza Europa?', avrà pensato Barbarossa, che si sentiva erede di Carlo Magno e degli imperatori romani. Scende quindi in Italia e distrugge due importanti comuni, Crema e Milano. Tutto questo potere dell'imperatore però non piace a nessuno in Italia, nemmeno al Papa, che lo scomunica (a quei tempi la scomunica era un'arma che il Papa usava spesso contro i suoi nemici).

La battaglia finale si svolge vicino a Milano: i comuni sconfiggono Barbarossa e lo costringono a riconoscere la loro libertà. Viene firmato un patto tra imperatore e comuni: i comuni possono essere liberi, avere le loro mura, i loro eserciti, i loro giudici, le loro leggi, tenersi le loro ricchezze e le loro campagne. In cambio, i comuni promettono di rimanere fedeli all'imperatore. Questo accordo piace anche al papa, che fa tornare l'imperatore nella Chiesa.

Come si vive nel Medioevo

Il lavoro in campagna

Nel Medioevo la maggioranza delle persone (il 90% in molte zone) viveva e lavorava in campagna. Questi contadini lavoravano molto ma mangiavano poco, avevano pochi vestiti e nessuna comodità. Si ammalavano spesso e morivano presto, intorno ai 40 anni. Anche per loro il periodo tra il 500 e il 1000 è stato il più duro. Molte terre coltivate al tempo dei romani erano state abbandonate ed erano coperte da foreste e

Lavori di campagna

paludi. Ad esempio la Pianura padana - una terra molto fertile dove oggi si coltivano cereali, frutta e verdura - nel Medioevo era quasi tutta coperta di alberi e abitata da animali selvatici come lupi, cervi e cinghiali.

Queste foreste però erano importanti per i contadini, perché fornivano legna per il fuoco e per le costruzioni e qualche animale da cacciare; nella foresta inoltre si tenevano i maiali, che non avevano bisogno di molte cure e davano una carne economica che si conservava anche per molti mesi. Non era facile trasformare la foresta in campi da coltivare: bisognava tagliare gli alberi, asciugare l'acqua dalle paludi, smuovere la terra. C'erano quindi pochi campi, i raccolti erano scarsi e solo poche persone nei villaggi riuscivano ad avere abbastanza da mangiare. Inoltre, ogni anno si coltivava solo metà della terra disponibile: l'altra metà veniva lasciata riposare, lasciando crescere l'erba e facendo pascolare gli animali.

Dopo l'anno 1000 la situazione migliora anche nelle campagne. Si comincia infatti a far riposare i campi solo un anno su tre, dividendoli in tre zone: nella prima si piantavano i cereali invernali (grano, segale, farro e miglio), che crescono dall'autunno all'estate; nella seconda zona si coltivavano le piante che crescono dalla primavera all'estate, sia cereali, come orzo e avena, che legumi, come fave e piselli. Solo la terza zona veniva lasciata riposare.

	1° anno	2° anno	3° anno	4° anno
I zona	Cereali invernali	Cereali o legumi	Riposo della terra	Cereali invernali
II zona	Cereali o legumi	Riposo della terra	Cereali invernali	Cereali o legumi
III zona	Riposo della terra	Cereali invernali	Cereali o legumi	Riposo della terra

Aratro

Dopo il 1000 migliora anche il modo di lavorare la terra. Al tempo dei romani e nel primo Medioevo si usava un aratro semplice, con una lama dritta che tagliava solo la terra; intorno all'anno 1000 si comincia invece a usare un aratro con le ruote e una lama curva che gira la terra completamente, per farla diventare più morbida e quindi più fertile. Inoltre, per sfruttare meglio i cavalli, si mettono ai loro piedi dei ferri speciali e al petto una cintura per tirare meglio il carro o l'aratro.

Infine, sempre intorno al 1000 si cominciano a usare i mulini per macinare il grano: l'acqua di un fiume o di un canale faceva muovere delle grandi ruote di legno, che erano collegate a macine di pietra che trasformavano il grano in farina. Questo lavoro prima veniva fatto da uomini o animali, in modo molto più lento e faticoso.

Nel Medioevo non c'erano tutte le piante che coltiviamo oggi: molte infatti sono arrivate in Europa solo nel '500, dopo la scoperta dell'America.

	In Europa prima del 1500	In Europa dopo il 1500
Cereali	grano, orzo, segale, avena	mais
Legumi	piselli, ceci, lenticchie, fave	fagioli, fagiolini
Altre piante	aglio, cipolle, insalata, carciofi, sedano, carote	patate, pomodori, peperoni, melanzane, zucchine

Anche con questi miglioramenti la vita dei contadini rimaneva molto dura. Le donne lavoravano soprattutto in casa, dove cucinavano, filavano la lana e tessevano i vestiti, coltivavano le piante dell'orto e allevavano gli animali da cortile. Gli uomini invece lavoravano nei campi, pascolavano le pecore, tagliavano la legna, andavano a caccia e pesca, costruivano case e recinti, trasportavano i prodotti con i carri e gli animali.

I campi producevano poco. Ad esempio, un contadino seminava 100 chili di grano, poi doveva lavorare la terra diverse volte, strappare le erbacce, cacciare via gli uccelli, infine raccogliere il grano e batterlo. Dopo tutto questo lavoro cosa gli rimaneva? Circa 300 chili di grano. 100 doveva metterli via, per seminarli l'anno dopo, e restavano solo 200 chili da mangiare, una parte per la sua famiglia e una parte per il padrone. Quando andava molto male, raccoglieva solo 100 chili di grano e non rimaneva praticamente niente da mangiare, se l'anno dopo si voleva seminare per il nuovo raccolto.

Lavori di campagna

ieri e oggi

Oggi l'agricoltura rende molto di più che nel Medioevo. Nel Medioevo il rapporto tra seminato e raccolto era di circa 1 a 3, raramente si arrivava a 1 a 5 o 1 a 6. Oggi, invece, per un chilo di grano seminato se ne raccolgono 30, 13 per l'avena e la segale, 20 per i piselli.

Mangiare (e non mangiare) nel Medioevo

Siccome la campagna produceva così poco, la maggior parte delle persone nel Medioevo mangiava poco e spesso soffriva la fame. Quando avevano da mangiare, si trattava di cibi molto poveri: un po' di pane nero, polenta d'orzo, zuppe di verdura, uova, poca carne di maiale o di pecora. Nelle annate di tempo cattivo, quando il raccolto andava male, molti morivano di fame. Rodolfo il Glabro, un monaco medioevale, racconta, forse con un po' di esagerazione, un periodo terribile, nel 1033:

> *La fame era ormai in tutti i paesi, e moltissime persone rischiavano di morire. Il tempo era così cattivo che non si riusciva mai a seminare o a raccogliere, perché pioveva sempre e tutti i campi erano coperti d'acqua. Sembrava che le nuvole, la pioggia e i fulmini fossero in guerra tra loro e colpissero gli uomini perché erano stati cattivi. La terra era così bagnata dalla pioggia che per tre anni non si potè seminare quasi nulla. Quando si andava a raccogliere il grano, le erbe cattive coprivano tutti campi. ... Le persone mangiavano gli animali della foresta e gli uccelli, poi anche le bestie morte e altre cose schifose, per non morire di fame. Alla fine mangiavano anche la carne di altri uomini. Alcune persone che giravano da sole venivano uccise, cotte sul fuoco e mangiate.*

Durante il Medioevo, con i regni romano-germanici, i popoli del Mediterraneo e quelli dell'Europa centrale si avvicinano tra loro e si scambiano le abitudini. In Italia durante l'epoca romana si mangiavano soprattutto grano e altri cereali, si beveva vino e si condiva con l'olio, si consumava molto formaggio e poca carne. Invece nei paesi dell'Europa centrale si mangiava molta carne e si beveva la birra, fatta con l'orzo. Nel Medioevo le abitudini di questi popoli diventano più simili: in Europa centrale si inizia a mangiare il pane, fatto con il grano, e a bere il vino, mentre nell'Europa mediterranea, e in particolare in Italia, si consuma più carne, soprattutto di maiale.

Inizialmente queste nuove abitudini riguardano solo le persone più ricche: nel Nord Europa il grano e l'uva, con cui si fanno il pane e il vino, crescono difficilmente e quindi sono costosi. Ma questi cibi erano un segno importante, perché venivano dalla tradizione cristiana, secondo cui mangiare pane e bere vino ricorda l'ultima cena di Gesù. Dunque i vescovi e i monaci consumavano più pane e vino delle altre persone. Anche consumare molta carne era un segno di ricchezza, nel Nord Europa come in Italia, e per questo i re e i nobili mangiavano spesso carne arrosto. L'imperatore Carlo Magno ne mangiava talmente tanta che alla fine si è ammalato ed è morto. Al contrario, se una persona mangiava poco si pensava che fosse debole e poco adatta a comandare. Nell'anno 888 il vescovo di Metz non ha voluto far diventare re dei Franchi un nobile, Guido da Spoleto, perché mangiava troppo poco!

L'arte e la cultura medievali

L'architettura medievale

La chiesa di Sant'Apollinare a Ravenna (bizantina, circa 550)

Anche nell'architettura troviamo grandi differenze tra l'Alto e il Basso Medioevo. Nel periodo tra il 500 e il 1000 in Italia si è costruito molto poco. Gli edifici più importanti di quel periodo si trovano a Roma e a Ravenna e sono delle chiese coperte di mosaici di soggetto religioso. Anche i popoli germanici come i longobardi hanno lasciato chiese e monasteri in diverse parti d'Italia.

Dopo il 1000 invece inizia un grande periodo di costruzione di chiese e palazzi. Molte città volevano mostrare la loro potenza e la loro ricchezza (e quindi la loro libertà e indipendenza dalla Chiesa e dall'imperatore): avere una grande chiesa era un simbolo di forza e unità e tutti i cittadini partecipavano alle spese. Lo stile di quegli anni si chiama romanico e alcuni esempi importanti sono le chiese di Modena, Parma, Pavia, Milano, Verona, Pisa, che si possono vedere ancora oggi.

Il duomo di Modena (romanico, circa 1180)

Più tardi arriva in Italia lo stile gotico, che era già diffuso in Francia e in Germania: le chiese diventavano sempre più alte, appoggiavano su lunghe colonne ed erano molto colorate e decorate, sia nella facciata che nelle vetrate. Il gotico in Italia è un po' diverso da quello europeo, ma ha sempre il gusto per la decorazione, i colori, la leggerezza.

Il duomo di Orvieto (gotico, circa 1360)

La scultura e la pittura

Prima del 1000 gli artisti avevano quasi completamente dimenticato le tecniche artistiche dei romani: le loro pitture e le loro statue erano diventate molto semplici, quasi primitive. I popoli germanici avevano un'arte diversa: rappresentavano animali, piante, mostri, oppure forme geometriche intrecciate, e in molte chiese romaniche si vedono ancora queste figure.

Gli scultori dopo il 1000 invece cominciano a studiare l'arte romana e tornano a fare delle figure umane più realistiche e accurate, come quelle di Nicola Pisano.

Nicola Pisano (metà del 1200)

Un affresco di Giotto

Anche la pittura fa grandi progressi, soprattutto dopo il 1200. I soggetti sono quasi sempre religiosi (immagini di Gesù o dei santi, storie della loro vita, ritratti della Madonna, il Paradiso e l'Inferno) e sono spesso dipinti su un fondo di oro, per mostrare la loro importanza. Un famoso pittore come Giotto invece dipinge i personaggi e gli ambienti in modo molto realistico, cercando di riprodurre le loro azioni e i loro sentimenti.

La lingua italiana nasce nel Medioevo

Durante l'impero romano in Italia tutti parlavano latino, anche se esistevano diverse varietà: il latino classico, quello dei libri e della letteratura, era parlato solo dalle persone più colte, che sapevano leggere e scrivere; tutti gli altri usavano un latino più semplice, popolare. Siccome in latino "popolo" si dice *vulgus*, la lingua del popolo era chiamata *volgare*.

Quando finisce l'impero romano e nessuno tiene più insieme i suoi territori, le persone viaggiano meno e rimangono sempre nello stesso posto, senza incontrare altri. Il loro modo di parlare latino cambia e in ogni zona si sviluppa un volgare diverso dagli altri: in Sicilia il siciliano, in Calabria il calabrese, in Toscana il toscano, in Emilia l'emiliano, in Francia il francese, in Spagna lo spagnolo e così via. Tutte queste lingue si chiamano neo-latine perché derivano tutte dal latino: sono abbastanza simili tra loro, ma dopo tanti secoli sono diventate anche molto diverse.

Verso l'800 dopo Cristo soltanto i preti e pochi altri riuscivano ancora a parlare e scrivere in latino, tutti gli altri capivano solo il volgare. Carlo Magno allora chiede ai preti di fare le prediche e spiegare la Bibbia in volgare, per farsi capire dalla gente. Il latino diventava così sempre più una lingua solo da leggere, scrivere e parlare tra persone istruite.

Prima del 1000 il volgare era usato raramente per scrivere; dopo il 1000 invece sempre più testi sono scritti in volgare. Ad esempio, quando si comprava o si vendeva un campo, il notaio scriveva il contratto in volgare, così tutti potevano capire esattamente cosa stavano facendo. Anche alcuni uomini di Chiesa iniziano a scrivere le prediche e i libri religiosi in volgare, per farsi comprendere dal popolo. Il volgare era usato anche nelle poesie di amore e di guerra, perché era una lingua più viva, più adatta a questi argomenti.

In Sicilia, alla corte di Federico II, molti poeti scrivevano in siciliano e alla fine del 1200 vengono imitati dai toscani, che iniziano a scrivere con lo stesso stile ma in toscano. Il più grande di questi poeti è Dante Alighieri, che scrive la *Divina Commedia*, la prima grande opera in volgare. Dopo di lui anche Petrarca compone poesie in volgare toscano, e Boccaccio scrive un libro di racconti brevi chiamato *Decamerone*. Quindi, all'inizio del 1300 i più grandi scrittori italiani erano toscani e la loro lingua diventa un modello per tutti gli altri: un poco alla volta anche gli scrittori veneti, lombardi, napoletani, ferraresi cercano di scrivere in lingua toscana invece che nella lingua della loro regione. Nel 1500 un veneto, Pietro Bembo, scrive la prima grammatica della lingua italiana: ormai sono tutti d'accordo che la lingua comune degli scrittori italiani deve essere il toscano. Le altre lingue, come il siciliano, il napoletano o il veneto, si possono ora chiamare dialetti: si usano solo quando si parla, oppure per opere che rappresentano la vita di quella particolare regione.

San Francesco di Assisi, vissuto tra il 1182 e il 1226, è stato un santo che parlava al popolo in modo semplice. Non scriveva in latino, ma in volgare, per farsi capire da tutti. Le sue preghiere sono tra i primi testi scritti in volgare: eccone qui una molto famosa, il *Cantico delle creature*, dove San Francesco ringrazia Dio per avere fatto tutte le cose. A sinistra trovi le parole usate da San Francesco: non è sempre facile capirle, perché è una lingua di 800 anni fa. Per questo a destra abbiamo provato a 'tradurle' nella lingua italiana di oggi.

Altissimu, onnipotente bon Signore, Tue so' le laude, la gloria et l'honore et onne benedictione. Ad Te solo, Altissimo, se konfano, et nullu homo ène dignu te mentovare.	Altissimo, Onnipotente Buon Signore, tue sono la lode, la gloria, l'onore e ogni benedizione. A te solo Altissimo, si possono dare e nessun uomo è degno di pronunciare il tuo nome.
Laudato si', mi' Signore cum tucte le Tue creature, spetialmente messer lo frate Sole, lo qual è iorno, et allumini noi per lui. Et ellu è bellu e radiante cum grande splendore: de Te, Altissimo, porta significatione.	Tu sia Lodato mio Signore, con tutte le tue creature, specialmente il fratello sole, che è la luce del giorno, e tu ci illumini attraverso di lui. Lui è bello, raggiante e splendente: mostra la tua importanza, o Altissimo.
Laudato si', mi' Signore, per sora Luna e le stelle: in celu l'ài formate clarite et pretiose et belle.	Tu sia lodato mio Signore, per sorella luna e le stelle: in cielo le hai formate, chiare, preziose e belle.
Laudato si', mi' Signore, per frate Vento et per aere et nubilo et sereno et onne tempo, per lo quale, a le Tue creature dai sustentamento.	Tu sia lodato, mio Signore, per fratello vento e per l'aria e per il cielo; quello nuvoloso e quello sereno, ogni tempo con cui sostieni le tue creature.
Laudato si', mi' Signore, per sora Acqua. la quale è molto utile et humile et pretiosa et casta.	Tu sia lodato mio Signore, per sorella acqua, che è molto utile e umile, preziosa e pura.
[...]	[...]
Laudate et benedicete mi' Signore et rengratiate e serviateli cum grande humilitate.	Lodate e benedite il mio Signore, ringraziatelo e servitelo con grande umiltà.

3 Il Rinascimento

In Europa

Quando inizia il Rinascimento?

Dopo il Medioevo, un secondo lungo periodo che gli storici usano per raccontare la storia europea è l'età moderna. L'idea di età moderna nasce nel 1500, quando artisti, studiosi e scienziati sentivano di potere discutere di molti argomenti con una nuova libertà, in modi nuovi rispetto al Medioevo. Si parla di Rinascimento perché è come se nascessero tante idee e abitudini nuove; anzi, sembra che ri-nascano, perché certi modi di fare e di pensare del Rinascimento riprendono idee delle culture greca e romana.

as well
Oltre ai nuovi modi di pensare, in questo periodo troviamo anche fatti importanti che cambiano la storia dell'Europa:

● nel 1454 un artigiano tedesco, Gutemberg, inventa la stampa: da allora non si devono più copiare i libri a mano, uno per uno, ma si possono fare rapidamente migliaia di copie;

● nel 1492 l'italiano Cristoforo Colombo arriva in America: gli europei "scoprono" un nuovo continente;

● nel 1517 il prete tedesco Martin Lutero critica il papa e la Chiesa cattolica: molti lo seguono e i cristiani europei si dividono in due grandi famiglie, i cattolici e i protestanti, che esistono ancora oggi.

1200	1330	1492	1494	1559
in Italia inizia un grande sviluppo economico	Petrarca "riscopre" i classici latini	Colombo arriva in America	primi eserciti stranieri in Italia	fine delle guerre: la Spagna controlla l'Italia

Gli storici discutono su quali date si possano considerare l'inizio e la fine del Rinascimento italiano. Nel capitolo precedente abbiamo detto che il

Lo sbarco di Colombo

1492 è una data di svolta molto importante. Eppure secondo molti il Rinascimento è cominciato nella prima metà del 1300, quando il poeta e studioso Francesco Petrarca proponeva di far rinascere la grande cultura dell'antichità. Come data finale, potremmo prendere la fine del 1500, quando in Italia cambiano molte cose: gli spagnoli controllano la maggior parte del territorio e gli Stati italiani ormai non hanno più un vero potere politico; la Chiesa cattolica risponde alle idee dei protestanti con il movimento della Controriforma, che consiste nel tornare alle tradizioni del passato; nell'arte si afferma il barocco, che è molto diverso dallo stile classico e armonioso del Rinascimento.

Viaggi e scoperte

Nel 1400 gli europei, soprattutto portoghesi, spagnoli e italiani, iniziano a uscire dal Mediterraneo per navigare in mari più grandi, come gli oceani. Alcuni navigatori girano intorno all'Africa per andare in India attraverso l'Oceano indiano. Cristoforo Colombo invece pensava di arrivare in India facendo il giro del mondo dall'altra parte, attraverso l'Oceano Atlantico. L'idea era giusta, la direzione era buona, ma Colombo non sapeva che tra l'Europa e l'India c'era in mezzo l'America! Senza volerlo, scopre così un nuovo continente.

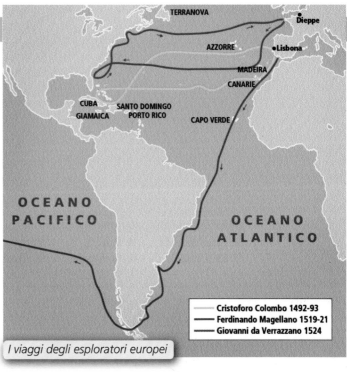

TERRANOVA
Dieppe
AZZORRE
Lisbona
MADEIRA
CANARIE
CUBA
GIAMAICA
SANTO DOMINGO
PORTO RICO
CAPO VERDE
OCEANO PACIFICO
OCEANO ATLANTICO

Cristoforo Colombo 1492-93
Ferdinando Magellano 1519-21
Giovanni da Verrazzano 1524

I viaggi degli esploratori europei

Con questi viaggi gli europei conoscono nuovi Paesi e nuovi popoli e cercano subito di conquistarli. Portano i loro prodotti, le loro abitudini, la religione cristiana; allo stesso tempo, prendono le ricchezze di quelle terre, come oro, argento, diamanti. Gli europei avevano armi potenti, come i fuci- *armi* li e i cannoni, mentre gli indigeni si difendevano solo con archi e frecce. In poco tempo molti popoli sono stati distrutti e le loro culture completamente cancellate.

Le terre conquistate vengono chiamate colonie e la diffusione degli europei nel mondo prende il nome di colonialismo. I conquistatori portano la loro cultura e le loro lingue, che ancora oggi sono le lingue ufficiali di molti Paesi extra-europei, come lo spagnolo in Messico, Cile e Argentina o il portoghese in Brasile. Tra il 1500 e il 1800 l'Europa ha colonie in quasi tutto il mondo.

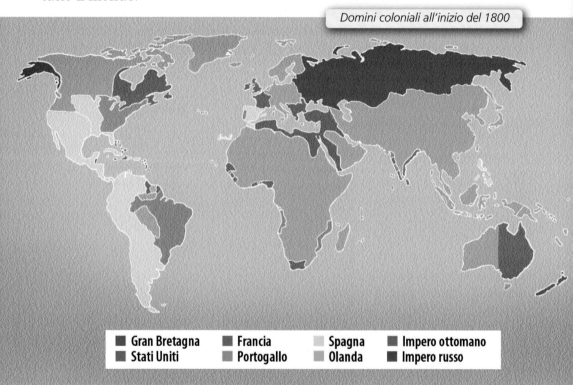

Domini coloniali all'inizio del 1800

| ■ Gran Bretagna | ■ Francia | ■ Spagna | ■ Impero ottomano |
| ■ Stati Uniti | ■ Portogallo | ■ Olanda | ■ Impero russo |

Gli Stati nazionali *innovazioni*

Un'altra novità importante dell'età moderna sono i grandi Stati nazionali. Quando oggi parliamo di Stato, infatti, intendiamo lo "Stato moderno", che si è diffuso in Europa dopo il 1500. Prima, nel Medioevo, lo Stato non esisteva: c'erano l'imperatore e dei nobili molto potenti che comandavano su grandi territori, ma in queste terre non c'era una vera organizzazione per gestire il potere, l'economia e la vita delle persone.

Lo Stato nazionale moderno invece ha queste caratteristiche:

- I confini sono abbastanza chiari, cioè ad esempio si sa dove finisce la Francia e dove comincia la Spagna; certo, a volte dopo una guerra uno Stato diventa più grande o più piccolo, ma in tempo di pace si sa esattamente quanto è grande il suo territorio.

- C'è un re che governa con un sistema di leggi valide in tutto lo stato.

- C'è un'organizzazione fissa di persone che sono incaricate dal re a svolgere certi compiti: ad esempio i giudici e le guardie fanno rispettare la legge, gli amministratori fanno pagare le tasse e decidono come spendere il denaro dello Stato.

- C'è un esercito stabile, cioè non bisogna cercare ogni volta i soldati per fare la guerra.

La Francia, l'Inghilterra, l'Ungheria, la Polonia, la Spagna e il Portogallo diventano Stati moderni tra la fine del 1400 e l'inizio del 1500. Questi Stati sono anche "nazioni", perché il popolo sul loro territorio si sente unito, ad esempio perché parla la stessa lingua, ha la stessa religione, le stesse origini e abitudini.

In Italia

Le signorie, piccoli Stati regionali

Mentre in Europa si stavano formando dei grandi Stati nazionali, in Italia nasce una forma diversa di Stato, lo Stato regionale.

Nel Medioevo molte città italiane erano organizzate come un comune: si governavano da sole, avevano i loro capi, le loro monete, il loro piccolo esercito. Nel comune comandavano alcune persone più importanti (i grandi proprietari, i professionisti, gli artigiani e i commercianti più ricchi) che decidevano insieme cosa fare attraverso il sistema delle corporazioni, cioè le organizzazioni che rappresentavano le attività economiche più importanti (ne abbiamo già parlato a pag. 51). Spesso però questi gruppi erano in lotta tra loro per il potere e a volte arrivavano anche a uccidere o allontanare dalla città gli avversari. A volte protestavano anche i cittadini più poveri, che volevano avere una loro corpo-

Il palazzo dei signori di Urbino

razione e fare parte del governo della città. A Firenze, per esempio, gli operai che lavoravano nel settore della lana erano circa un terzo della popolazione della città, ma non contavano nulla, non prendevano decisioni e non erano rispettati. Nel 1378 insorgono e cercano con la forza di essere riconosciuti come una corporazione tra le altre, in modo da avere più potere, ma riescono ad ottenere ben poco e tutto torna come prima.

Spesso i comuni erano anche in guerra tra loro, una città contro l'altra: ad esempio Firenze per allargare il suo territorio ha dovuto combattere contro Siena, Arezzo, Pisa e Lucca.

Tutte queste lotte rendevano la vita difficile. Siccome in tutte le grandi

città italiane c'erano delle famiglic molto ricche, alla fine erano loro a prendere il comando della città, diventando i suoi signori. Questo tipo di governo si chiama quindi **signoria**. A Firenze ad esempio c'era la famiglia dei
Medici, mercanti e banchieri, ma anche proprietari di terre e produttori di
tessuti. All'inizio erano solo una famiglia molto importante, che veniva inca-
ricata dagli altri cittadini di occuparsi del governo della città. Poi, un poco
alla volta, sono diventati dei veri e propri principi, che trasmettevano il loro
potere di padre in figlio, senza essere eletti.

ieri e oggi

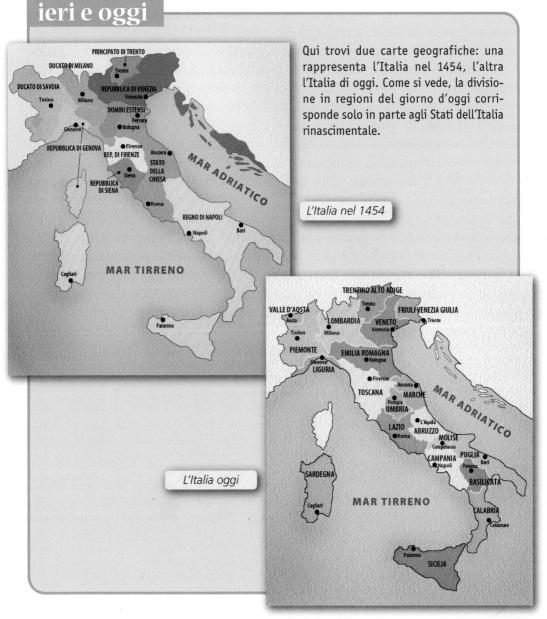

Qui trovi due carte geografiche: una
rappresenta l'Italia nel 1454, l'altra
l'Italia di oggi. Come si vede, la divisio-
ne in regioni del giorno d'oggi corrisponde solo in parte agli Stati dell'Italia
rinascimentale.

L'Italia nel 1454

L'Italia oggi

I signori della città più grande controllavano anche le terre intorno e le città più piccole vicine, come i Medici, che sono diventati un po' alla volta signori di tutta la Toscana. Si formava così come un piccolo Stato, grande circa come una delle regioni italiane del giorno d'oggi. Troviamo signorie anche in altre città italiane: i signori di Milano e della Lombardia sono stati prima i Visconti, poi gli Sforza; i signori di Mantova erano i Gonzaga, a Ferrara gli Estensi, a Rimini i Malatesta.

Nel Sud Italia la situazione era un po' diversa. Qui infatti c'era un regno molto più grande degli altri regni italiani, che comprendeva città importanti come Napoli e Palermo; il re però non era un signore italiano, ma uno spagnolo della famiglia di Aragona.

Un altro Stato speciale era Venezia, dove il potere era nelle mani di poche famiglie molto ricche e non di una sola. E infine, c'era anche uno Stato della Chiesa, governato dal papa.

Spesso gli Stati regionali italiani si facevano guerra tra loro: Venezia contro Milano, lo Stato della Chiesa contro Milano e Firenze, e così via. Non esistevano eserciti nazionali, che arruolavano tutti i cittadini, ma solo eserciti mercenari, cioè compagnie di soldati che si facevano pagare una volta da uno Stato e una volta dall'altro. È chiaro che questi soldati non combattevano con molta convinzione, ma cercavano piuttosto di non morire e approfittare della guerra per saccheggiare le case e rubare tutto quello che trovavano. Queste guerre comunque non cambiavano molto le cose: i signori italiani avevano tutti circa la stessa forza, nessuno voleva che il regno di qualcun altro diventasse troppo grande e così tutti gli Stati rimanevano piccoli. Insomma, in Italia in questo periodo non accade quello che era accaduto in Francia o in Spagna, dove un solo signore era diventato re di tutti i francesi o di tutti gli spagnoli.

Gli eserciti stranieri combattono in Italia

Nel 1400, dunque, gli Stati italiani erano piccoli, deboli e si facevano guerra tra loro, mentre Stati come la Francia o la Spagna stavano diventando sempre più uniti e forti. Per loro, l'Italia era una terra da conquistare. Le sue città infatti erano ricche, piene di banche e prodotti di lusso, come i tessuti di seta o le costose spezie provenienti dall'Asia e dall'Africa. Inoltre, in Italia c'erano Roma e il Papa: controllare Roma significava controllare la Chiesa cattolica.

Quindi, tutti volevano l'Italia. All'inizio

Italia "spagnola" dopo il 1559

Territori dipendenti dalla Corona di Spagna

del 1500 francesi, spagnoli, tedeschi, svizzeri si combattono nel Nord Italia con i loro eserciti forti e ben organizzati: gli italiani stanno un po' a guardare, cercando di allearsi con l'uno o con l'altro, ma contano molto poco. Insomma, sono gli altri che decidono come dividersi l'Italia. Alla fine di tutte queste guerre, nel 1559, la Spagna controlla la maggior parte delle regioni. Il papa manteneva il suo Stato della Chiesa, ma aveva un piccolo esercito che non preoccupava nessuno. Anche Venezia conservava un po' di terre e la possibilità di commerciare nel Mediterraneo, ma non era certo una grande potenza; il commercio nel Mediterraneo, poi, non era più così importante, perché in quegli anni i viaggi commerciali si svolgevano soprattutto nell'oceano Atlantico e nel Pacifico.

La cultura e l'arte

Le corti italiane

La vita alla corte di Mantova

Abbiamo visto che durante il Rinascimento molte città italiane erano governate da una famiglia ricca e importante, una specie di re di un piccolo Stato regionale. Questi piccoli Stati erano deboli sul piano militare, ma cercavano di mostrare la loro superiorità in campo culturale, chiamando i migliori artisti e studiosi italiani ed europei.

La corte era il luogo dove il signore abitava con i suoi parenti, amici, nobili, funzionari e artisti, oltre a un gran numero di servitori. Queste corti nel Rinascimento erano splendide: tutto doveva essere grandioso, i palazzi erano costruiti dai migliori architetti, i muri erano dipinti da grandi artisti, c'erano sculture e stoffe preziose dappertutto. Nella corte vivevano tra 300 e 800 persone: alcune di loro erano donne, e la corte era uno dei pochi posti dove le donne potevano avere un po' di importanza. Nel resto della società, invece, le donne contavano pochissimo e non avevano alcun potere.

A corte le persone erano vestite in modo elegante, portavano bei gioielli e si comportavano in modo raffinato: si cominciano a usare le forchette (prima si mangiava con le mani), il sapone e il dentifricio. Si scrivevano poesie e libri su ogni argomento, si suonava, si danzava, si discuteva di politica, di filosofia, di storia. Il signore voleva diventare famoso per la sua corte, per tutte le opere d'arte che si producevano, per i palazzi dove viveva e le chiese che faceva costruire. I migliori pittori dipingevano ritratti del signore e della sua famiglia, gli scrittori scrivevano le loro

Il progetto di elicottero di Leonardo da Vinci

storie, gli scienziati scoprivano nuove tecniche e costruivano macchine meravigliose. Alcuni cortigiani riuscivano a fare tutte queste cose insieme, come Leonardo da Vinci, che era pittore, scultore, musicista, poeta, architetto e inventore di macchine fantastiche, come un leone di legno che camminava da solo, si alzava, apriva il petto e faceva vedere lo stemma del re di Francia. Insomma, tutto doveva essere nuovo ed eccezionale. Il signore pagava i cortigiani perché stessero presso di lui e spesso studiava e discuteva con loro, scriveva libri o componeva musica e poesie.

L'umanesimo

Durante il Medioevo l'arte era molto tradizionale: i quadri e le sculture riguardavano quasi sempre la religione, si seguivano dei modelli e nessuno voleva essere veramente originale. Gli artisti erano come dei decoratori, che facevano cose belle ma che di solito nessuno considerava eccezionali: il loro era semplicemente un mestiere come un altro e solo pochissimi, come Giotto, erano considerati tra le persone importanti della città.

La perfezione dell'uomo in un famoso disegno di Leonardo

Alla fine del Medioevo, tra il 1300 e il 1400, inizia un nuovo modo di pensare: artisti e studiosi sono stanchi di seguire le tradizioni e vogliono fare qualcosa di nuovo. Cominciano a interessarsi alla natura, cominciano a osservare il mondo, riscoprono le idee dei filosofi greci e latini. Questo movimento si chiama Umanesimo, perché dà una grande importanza all'uomo, come accadeva nel mondo classico: l'uomo non è più visto come una creatura debole e minuscola davanti a Dio, ma come un essere intelligente, forte, bello, capace di pensare, conoscere il mondo e creare opere d'arte originali. L'umanesimo è alla base di tutta la cultura del Rinascimento: le persone sentono che la cultura ri-nasce, perché si torna a pensare come al tempo dei greci e dei romani, a produrre opere d'arte e costruire edifici come i loro. Si cercano i testi dei classici greci e latini, che per molti secoli nessuno aveva più letto, visto che nel Medioevo non sembravano tanto importanti. Gli umanisti riscoprono il greco, che in Europa occidentale quasi tutti avevano dimenticato, e alcuni studiano anche l'ebraico, l'arabo e altre lingue.

In questa epoca si scriveva tanto ed era più facile trovare i libri: all'inizio, attraverso le copie fatte a mano, in seguito con la stampa. Venezia nel 1500 era una grande città e anche il centro più importante in Italia per la stampa di libri. Il testo più stampato era la Bibbia, ma si vendevano molto anche gli autori classici greci e latini, i poeti italiani antichi come Dante e Petrarca o quelli più moderni come Ariosto e Boiardo, raccolte di storie istruttive o divertenti e manuali pratici di medicina, di diritto o sulle buone maniere. Fra la gente del popolo si diffondono invece gli almanacchi, dei calendari che contenevano previsioni e notizie utili e curiose.

la storia e le storie

Un grande umanista: Leon Battista Alberti

Leon Battista Alberti (1404-1472) è stato uno dei più grandi rappresentanti dell'Umanesimo. Nella sua vita ha cercato di essere un uomo completo in tutto. Da giovane si esercitava a usare le armi e ad andare a cavallo, studiava musica, lettere, arte e molte altre cose. Quando era stanco di studiare dipingeva, suonava, cantava, scalava montagne ed era capace di saltare sopra un uomo dritto in piedi. Ha progettato chiese e palazzi, ha inventato macchine, ha composto brani musicali ed era un ottimo organista. Ha scritto libri famosi, in volgare e in latino, sugli argomenti più vari: su come bisogna comportarsi in famiglia, sul diritto antico e moderno, sull'architettura e sulle regole della prospettiva.

Tra l'altro, era anche un prete: visto che era tanto colto e sapeva così bene il latino, il suo lavoro consisteva nello scrivere le lettere e i discorsi pubblici del papa o dei vescovi.

L'arte rinascimentale

L'arte rinascimentale cercava di riprendere l'arte antica dei greci e dei romani, quella medievale invece era molto diversa. Qui di seguito presentiamo delle serie di immagini a confronto: la prima è romana, la seconda medievale e la terza rinascimentale.

L'arte del Rinascimento cercava di trovare armonia in tutto, di creare una realtà ideale, perfetta. Questo si vede molto bene nell'architettura: quando si progettava una chiesa o un palazzo, si cercava sempre di rispettare delle proporzioni geometriche tra le parti. Ad esempio la facciata della chiesa di

Esempi di arte romana, medievale e rinascimentale

architettura

L'arco di Augusto
a Rimini (27 a.C.)

La Cattedrale di Trani
(1200)

Il tempio malatestiano
a Rimini (1450)

scultura

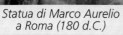

Statua di Marco Aurelio
a Roma (180 d.C.)

Adamo ed Eva
di Wiligelmo (1130)

Statua di Gattamelata
a Padova (1450)

pittura

Affresco romano,
a Pompei (I secolo d.C.)

Madonna in trono
di Cimabue (1280)

Concerto campestre
di Tiziano (1509)

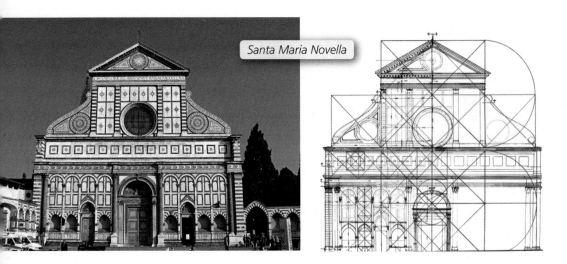

Santa Maria Novella

Santa Maria Novella a Firenze, progettata da Leon Battista Alberti nel 1456, dà una grande impressione di equilibrio e armonia. Perché? Perché tutte le sue parti sono costruite pensando a cerchi e quadrati, che hanno dimensioni che si ripetono perfettamente: l'altezza è uguale alla larghezza, le parti laterali sono uguali a quelle centrali, e anche gli elementi più piccoli come le porte riproducono le stesse proporzioni.

Anche nella costruzione delle città si cercavano ordine e armonia. A pag. 50 abbiamo visto che le strade costruite in epoca medievale erano irregolari, storte, mentre quelle dei romani erano dritte e regolari. Nel Rinascimento era difficile cambiare la pianta della città medievale, perché non si potevano abbattere tante case. Però, quando si costruivano città nuove, o parti nuove di una città vecchia, si progettavano come quelle dei romani. Guardate la pianta di Ferrara: in basso si vede la città medievale, con le sue stradine strette e irregolari e sopra la parte nuova, costruita da Ercole d'Este alla fine del Quattrocento e chiamata perciò "addizione Erculea".

■ Città medievale
■ Addizione di Borso 1451
■ Addizione Erculea 1492

Palazzo Diamanti

Castello Estense

La vita degli artisti

Fino all'inizio del '400 gli artisti erano come altri artigiani, come i fabbri, i falegnami, i tessitori. Qualcuno particolarmente bravo, come Giotto, poteva diventare famoso ed essere richiesto in diverse città, ma erano casi rari; inoltre, anche i migliori artisti erano sempre considerati gente che lavorava con le mani, dunque inferiori alle persone ricche e colte.

Nella prima metà del '400, invece, soprattutto a Firenze, alcuni artisti raggiungono un livello che non avevano mai avuto prima. I contemporanei capivano che architetti come Brunelleschi, o scultori come Donatello e Ghiberti, erano molto al di sopra anche dei migliori artigiani. Non avevano solo buon gusto ed esperienza pratica, ma cercavano di risolvere problemi complessi attraverso l'intelligenza, la riflessione e lo studio: insomma, delle persone colte, che lavorano molto più con la testa che con le mani.

La cupola del Duomo di Firenze

Brunelleschi, per esempio, era riuscito a costruire per il Duomo di Firenze la cupola più grande che fosse mai stata fatta dal tempo dei romani, alta 107 metri e larga 42. Aveva dovuto risolvere mille problemi pratici, inventare nuove macchine per portare i materiali così in alto, spiegare ai muratori come dovevano tagliare le pietre e

Nel Rinascimento si scopre come rappresentare esattamente la prospettiva

incastrarle o come dovevano muoversi su e giù per la cupola. Per non far perdere tempo durante il pranzo, aveva anche messo delle osterie dentro la cupola, così gli operai potevano mangiare e bere senza dovere scendere. Brunelleschi aveva risolto tutti questi problemi da solo ed è per ciò che i fiorentini lo consideravano un genio. Era anche scultore e pittore, e attraverso i suoi studi è riuscito a risolvere un altro grande problema, quello di come rendere in un quadro la prospettiva, cioè l'effetto di profondità.

Le scoperte sulla prospettiva di Brunelleschi sono state sviluppate da Masaccio, che dipingeva corpi umani così realistici come nessuno aveva mai fatto prima. Negli stessi anni Donatello creava sculture che sembrano uguali a quelle del tempo dei romani e Leon Battista Alberti non solo progettava chiese e palazzi, ma scriveva libri teorici sull'architettura, la pittura e la scultura. Insomma, questi artisti diventano sempre di più degli intellettuali, che studiano, discutono, fanno ricerche. I signori volevano avere la loro compagnia e facevano di tutto per tenerseli vicini, pagandoli anche molto bene. Dunque un artista poteva viaggiare molto, chiamato da una corte all'altra, e una città importante come Roma poteva richiamare artisti da molte parti d'Italia e d'Europa.

Leonardo: un artista in giro per il mondo

Questi sono i molti luoghi dove ha vissuto e lavorato Leonardo da Vinci.

1472-1481: Firenze	1500-1502: Firenze	1506-1512: Milano
1482-1499: Milano	1502-1503: Roma	1513-1516: Roma
1499: Mantova e Venezia	1503-1506: Firenze	1516-1519: Francia

Roma: artisti di tutto il mondo in una città

I principali artisti che hanno lavorato a Roma tra il 1503 e il 1605 venivano da tutta Europa: queste sono le loro origini.

Nord Italia: 93	Roma: 17	Francia: 10
Toscana: 69	Sud Italia: 7	Altri Paesi: 4
Marche e Umbria: 24	Belgio e Paesi Bassi: 43	

Questi artisti si sentivano importanti ed erano spesso molto orgogliosi del loro successo. Firmavano quasi sempre le loro opere, mentre nel Medioevo questo non accadeva quasi mai. Qualcuno metteva persino il suo ritratto come parte del quadro, come il Perugino, che si dipinge in un quadretto in mezzo agli affreschi del Collegio del cambio a Perugia e sotto scrive *Pietro Perugino, ottimo pittore. Se si era persa l'arte della pittura, lui l'ha riscoperta. Se non era stata ancora inventata, lui l'ha portata fino a qui.* Altro che modesto artigiano!

Per potere accontentare tutti i clienti, gli artisti più famosi si facevano aiutare da altri più giovani o meno bravi. La loro bottega diventava così una specie di fabbrica, dove si producevano molti quadri ogni anno, ma anche una scuola, dove i giovani imparavano i segreti dell'arte per poi cominciare una carriera autonoma. A volte il maestro dipingeva le parti più difficili, ad esempio i volti e le mani, e lasciava ai suoi aiutanti quelle più facili e noiose, come i vestiti o i paesaggi. E anche i guadagni dell'artista alla fine del Quattrocento erano ormai molto diversi da quelli di un artigiano: veniva spesso pagato con monete d'oro, che a quel tempo usavano solo i nobili e i grandi mercanti, ma a volte anche con vino, grano e terreni.

la storia e le storie

La vita di un artista: Michelangelo Buonarroti

Michelangelo nasce nel 1475 da una famiglia importante di un paese vicino a Firenze. I suoi genitori gli fanno frequentare la scuola ma rimangono stupiti quando lo sentono dire 'io da grande voglio fare l'artista!'. Infatti, a quei tempi, il lavoro dell'artista, che si fa con le mani, era considerato poco adatto a un nobile. Il padre prova a fargli cambiare idea, ma Michelangelo insiste tanto che alla fine lo mandano, all'età di tredici anni, a imparare il mestiere nella bottega di un pittore famoso, il Ghirlandaio. Nella bottega fa come tutti i ragazzi della sua età: impara a disegnare, prepara i colori, aiuta il maestro nei lavori più semplici. Michelangelo però è così bravo che a quattordici anni il signore di Firenze, Lorenzo il Magnifico, lo prende alla sua corte, quasi come un figlio. Come tutti i signori di quel tempo Lorenzo amava avere vicino dei grandi artisti, e Michelangelo, così giovane e così bravo, era straordinario. Michelangelo in quegli anni conosce poeti, filosofi, artisti e impara molte cose. Inoltre può studiare la scultura greca e romana osservando le statue antiche che i Medici avevano comprato e fatto mettere nei loro giardini. Nel 1496, a ventun anni, va a Roma per studiare i monumenti antichi. Ci rimane cinque anni, durante i quali crea le sue prime opere importanti, come la Pietà. Poi torna a Firenze, dove è ormai considerato uno dei migliori artisti del suo tempo. Il Comune gli chiede una statua da mettere nella piazza principale, proprio davanti al Palazzo della Signoria, il David. Questa scultura è uno dei più begli esempi di arte rinascimentale. Guardate la fotografia: Michelangelo ha studiato tanto il corpo umano che sa scolpire tutte le ossa, tutti i muscoli e persino le vene delle mani e delle braccia. Ma non è solo qui la sua bravura, perché la statua ha anche un'espressione, sia nel volto, sia nel corpo: si vede un uomo giovane, forte, sicuro, che sembra quasi muoversi, pronto a combattere per difendere la sua patria. Questo era il tipo di bellezza ideale per gli uomini del Rinascimento: un corpo bello e un animo forte e coraggioso.

Michelangelo era così bravo che il papa lo chiama per fare la sua tomba, una tomba tanto grande e ricca da superare tutte le altre, da assomigliare alle tombe degli imperatori romani. Per Michelangelo è una festa: può lavorare con tutta la libertà e la fantasia a un monumento gigantesco, la più grande soddisfazione per uno scultore. Perché il lavoro sia perfetto vuole scegliere personalmente i materiali: resta sei mesi sulle montagne, per trovare il marmo migliore e farlo tagliare come vuole lui. Ma quando torna a Roma il papa ha già cambiato idea: ora è impegnato a costruire la chiesa più grande del mondo, San Pietro. Dice a Michelangelo che al progetto della tomba ci penserà più tardi, quando avrà finito la chiesa.

Michelangelo se ne va da Roma infuriato, scrivendo al papa che, se lo voleva ancora, 'doveva andarlo a cercare.' Il papa esclama, ugualmente arrabbiato: ma chi si crede di essere questo giovane artista per rispondere così al papa! Ma Michelangelo era troppo bravo e il papa voleva a tutti i costi che facesse qualcosa per lui: gli propone così di dipingere una grande sala nel suo palazzo, la Cappella sistina. Michelangelo all'inizio non era molto convinto: si sentiva soprattutto uno scultore e pensava di non essere tanto bravo a dipingere. Alla fine accetta e si chiude per quat-

tro anni, da solo, in questa grande sala. Il risultato è un capolavoro: Michelangelo ha dipinto tutto il soffitto, disegnando figure grandissime, che raccontano storie della Bibbia o riproducono personaggi dell'antichità. Per dipingere il soffitto ha passato anni lavorando sdraiato su delle costruzioni di legno, guardando in su, tenendo sempre il pennello in mano. Era così abituato a guardare in alto che quando riceveva una lettera la leggeva tenendola sopra la testa! Anche nei dipinti della Cappella sistina vediamo come Michelangelo fosse bravo a rappresentare il corpo umano: le figure sono grandi, potenti, assumono tutte le posizioni e sembrano pronte a muoversi.

Poi Michelangelo torna a Firenze e lavora di nuovo per la famiglia dei Medici, soprattutto come architetto e scultore: costruisce le tombe dei Medici e la loro biblioteca, progetta chiese e città. Tornato ancora una volta a Roma, la sua più grande impresa è progettare la cupola della chiesa di San Pietro, la più grande al mondo. Comincia il lavoro ma non riesce a finirlo (per costruire San Pietro ci sono voluti 150 anni!), perché nel 1564 muore.

Michelangelo è stato uno dei più grandi artisti del Rinascimento e di tutti i tempi, perché ha dimostrato che l'intelligenza umana può arrivare molto lontano. Era un artista completo: sapeva dipingere, scolpire, progettare case e palazzi, ha scritto poesie, studiava filosofia e religione. Si sentiva libero ed era molto orgoglioso della sua abilità. Non aveva aiutanti, faceva tutto da solo, perché sentiva che l'arte per lui era più che un mestiere qualsiasi, ma era parte della sua vita. Questo modo di concepire l'arte e la vita dell'artista era molto nuovo e diventerà comune solo nei secoli seguenti.

La vita nel Rinascimento

Abitare e lavorare

Proviamo a fare un giro in una città dell'inizio del 1500. La prima cosa che ci colpisce è il palazzo della famiglia più importante, cioè i signori della città. È grande, nuovo e raffinato: fuori assomiglia ancora un po' a un castello, anche se più elegante; dentro, i muri sono coperti di pitture e di stoffe colorate e disegnate. Ci sono pochi mobili, ma lussuosi, di legno lavorato e scolpito o dipinto dai migliori artisti. Ci sono sale per incontrare gli ospiti e per studiare, camere da letto, una biblioteca, i bagni per i signori (che avevano l'acqua calda e persino la sauna), grandi cucine, cantine e stanze per conservare il cibo (una di queste era piena di neve ghiacciata e serviva come frigorifero per conservare i cibi freschi anche in estate), la lavanderia per i vestiti, una grande stalla per 20 o 30 cavalli. Insomma, un grande palazzo rinascimentale era come una piccola città.

Palazzo ducale di Mantova

C'erano anche altri palazzi, meno grandi ma ugualmente belli, sia dentro che fuori, che

Palazzo Rucellai

appartenevano alle altre famiglie importanti della città. Alcune di queste famiglie erano nobili e non avevano un vero e proprio lavoro. I nobili, ricordiamolo, erano quelli che nel Medioevo avevano ricevuto delle terre (dette feudi) dall'imperatore, perché erano cavalieri che partecipavano alle sue guerre. La ricchezza dei nobili si basava dunque principalmente sulla terra: avevano grandi proprietà in campagna, che producevano molto e permettevano di vivere di rendita nei lussuosi palazzi di città.

Nel Rinascimento si affermano però alcune famiglie non nobili ma ugualmente molto ricche, a volte anche più ricche dei nobili. Si tratta dei grandi borghesi, che non avevano ricevuto un titolo o un feudo dall'imperatore, ma avevano accumulato grandi ricchezze lavorando e investendo i loro capitali. Erano ad esempio banchieri, che prestavano denaro sia ai piccoli commercianti e artigiani della città, sia ai signori, ai nobili e persino all'imperatore. I clienti più importanti non erano però i più onesti: alcuni imperatori e principi non restituivano i soldi e per questo i banchieri a volte fallivano. Però, valeva la pena rischiare: prestare denaro al papa, al re o all'imperatore significava avere molto potere e quindi poter guadagnare ancora di più. Questi ricchi banchieri potevano diventare signori della città e in seguito anche nobili, come è successo ai Medici di Firenze.

Il palazzo della famiglia Strozzi, banchieri fiorentini

Erano borghesi anche i grandi mercanti: avevano delle vere e proprie reti di importazione ed esporazione, con filiali in diverse città italiane ed europee. Ad esempio, comperavano la lana grezza in Inghilterra; la portavano a Firenze e qui veniva colorata e lavorata e i tessuti finiti erano di nuovo venduti in Inghilterra, Francia o nel Nord Europa. Oppure compravano il formaggio parmigiano in Emilia e lo esportavano in Francia, o facevano arrivare le spezie dall'India per poi rivenderle in tutta Europa. Tra il 1200 e il 1400 i mercanti italiani sono stati al centro dell'economia europea: erano persone intelligenti, colte, che viaggiavano, conoscevano il mondo e scrivevano lettere e diari. Spesso i grandi mercanti diventavano anche banchieri; oppure compravano molte terre e diventavano proprietari come i nobili e a volte gestivano anche piccole industrie per produrre i tessuti. Insomma, si dedicavano a tutte le attività economiche e potevano essere le persone più ricche della città.

Non tutti i borghesi erano così ricchi. Ad esempio, i piccoli commercianti compravano e vendevano merci, ma solo all'interno della città o della regione; nelle loro botteghe si trovavano cibo, vino, seta, tessuti, il cuoio e le spezie. Avevano botteghe anche gli artigiani, che lavoravano la ceramica per fare piatti, pentole e vasi, oppure costruivano attrezzi da lavoro per i contadini o armi, statue e gioielli per i ricchi. Le botteghe di un macellaio, un calzolaio o un fabbro erano di solito molto piccole e sporche, ma i negozi che vendevano oggetti di lusso potevano essere anche molto grandi e raffinati: un bel vestito di seta poteva costare come un campo o come dieci anni di lavoro di un muratore! Le botteghe che vendevano la stessa merce si trovavano tutte vicine: c'era quindi

La giornata di un ricco borghese fiorentino

Si alza la mattina presto, ascolta la messa e decide cosa si mangerà quel giorno. Poi, se c'è bisogno, va in piazza, al mercato, negli uffici pubblici per fare affari o per risolvere varie questioni; altrimenti, va a trovare qualche altro cittadino importante per parlare un po', oppure resta a casa nello studio, per fare i conti, mettere in ordine i documenti e scrivere lettere. Pranza insieme ai suoi amici e compagni, poi vede suo figlio per insegnargli come comportarsi, il carattere delle persone, alcuni esempi antichi e moderni che bisogna conoscere. Poi esce di nuovo per le sue faccende personali o di lavoro. La sera, all'ora dell'Avemaria, torna sempre a casa, per stare con i familiari, accanto al fuoco se è inverno. Va nello studio per lavorare ancora un po' e infine cena allegramente con tutta la famiglia.

N. Machiavelli, Clizia, atto II, sc. 4, adattato e riscritto in italiano contemporaneo

la via dei macellai, dei sarti, dei calzolai, dei gioiellieri. Ancora oggi in molte città italiane troviamo vie con questo nome, dove spesso si vendono ancora la stesse cose: via degli Orefici, via dei Falegnami, via dei Pellicciai, via dei Fabbri.

Artigiani e commercianti di solito vivevano al primo piano, sopra la bottega, in un appartamento composto dalla cucina, una sala e una camera per tutta la famiglia. I più ricchi potevano occupare anche due o tre piani sopra la bottega: uno era dedicato alle camere da letto, l'altro al soggiorno e l'ultimo alla cucina. La cucina doveva stare in alto per far uscire meglio il fumo e perchè, se il fuoco faceva scoppiare un incendio, c'era meno rischio di bruciare tutta la casa. Verso il '400 e '500 si comincia però a mettere le cucine nei piani più bassi, perché si costruiscono camini migliori e più sicuri e perché i piani più alti vengono ora costruiti con mattoni e pietra, e non con il legno come durante il Medioevo. I mobili degli artigiani e dei commercianti erano circa gli stessi dei grandi mercanti e dei signori: letti, casse di legno per i vestiti, i libri o le provviste, pochi armadi, tavoli e sedie. La differenza principale stava nel tipo di legno e nella lavorazione: i mobili dei ricchi erano spesso scolpiti o dipinti dai migliori artisti della città, come Ghirlandaio, Botticelli o Tiziano.

Nella città si trovavano anche molti operai. Di solito guadagnavano poco e vivevano in case piccole e scomode, e qualche volta gli toccava anche dormire per strada. Alcuni di loro lavoravano nelle botteghe degli artigiani, altri a casa loro, altri in piccole "fabbriche": molte attività erano collegate tra loro per formare un ciclo produttivo molto efficiente.

Vediamo ad esempio la produzione dei tessuti di lana verso la metà del 1300 a Firenze. La lana all'inizio è semplicemente il pelo delle pecore: una materia dura, sporca e puzzolente. Bisognava quindi lavarla per bene, batterla e pettinarla per farla diventare pulita e liscia. Questo si faceva in grandi lavanderie, dove lavoravano degli operai che facevano molta fatica ed erano pagati poco. Dalla lavanderia uscivano mucchi di lana gonfia e pulita, che bisognava trasformare in fili. Questo lavoro si poteva fare a casa e toccava specialmente alle donne: bastava avere un filatoio, cioè una piccola macchina di legno che arrotola la lana per fare dei lunghi fili. I fili di lana così ottenuti venivano arrotolati e portati ai tessitori. Anche loro lavoravano in casa o in piccole botteghe: passavano i fili nel telaio, una macchina più grande ma sempre di legno, e li intrecciavano per ottenere i tessuti. La stoffa che esce da un telaio a mano però è dura e irregolare: per farla diventare morbida e compatta bisognava batterla molte volte con l'acqua, in una fabbrica apposta, dove lavoravano degli operai non specializzati. Infine, i tessuti venivano colorati nelle botteghe di alcuni artigiani specializzati, i tintori: qualcuno produceva solo stoffe pregiate, con colori costosi (come il rosso o il blu scuro), altri tingevano stoffe più economiche con i colori che costavano meno, come il marrone o il nero. Per fissare il colore sulla lana si usavano dei saponi speciali, prodotti in altre piccole fabbriche. I tintori erano gli artigiani meglio pagati e la qualità del loro lavoro era determinante per stabilire il prezzo finale: i tessuti italiani, e in particolare quelli di Firenze, erano famosi in tutta Europa per i loro bei colori e la loro ottima lavorazione. Infine, i tessuti finiti potevano essere venduti nelle botteghe dei lanaioli, cioè i commercianti di lana, oppure erano esportati all'estero dai grandi mercanti.

ieri e oggi

Le corporazioni

Abbiamo visto che per passare dal pelo sporco di una pecora a un bel panno di lana colorata serviva il lavoro di molte persone diverse. Questo lavoro nel Medioevo e nel Rinascimento veniva organizzato da una specie di associazione, chiamata *corporazione*. C'erano corporazioni di banchieri, medici, notai, pellicciai e così via: ogni lavoro importante, e anche qualcuno di quelli più umili, aveva la sua corporazione. La corporazione (o Arte) della lana riuniva ad esempio tutte le persone più ricche e importanti che facevano affari con la lana. Era più vantaggioso comprare la lana grezza dall'Italia, dalla Spagna e dall'Inghilterra in grandi quantità, tutti insieme, piuttosto che fare ognuno il suo piccolo ordine. Quindi la corporazione comprava la materia prima, poi organizzava anche il lavoro nelle fabbriche dove si lavava la lana o si facevano diventare morbidi i tessuti. In generale, la corporazione faceva gli interessi dei commercianti e dei produttori, e non tanto quelli degli operai. Nel Consiglio del Comune ogni corporazione mandava i suoi rappresentanti, così che le decisioni venissero prese in modo da favorire gli interessi delle diverse categorie. Questo poteva essere un bene, perché così la politica dello Stato poteva favorire i diversi settori dell'economia. Però c'erano anche degli svantaggi: alcune corporazioni erano più forti di altre, perché rappresentavano persone più ricche; inoltre, non è detto che le decisioni a vantaggio di una o alcune corporazioni fossero le migliori per tutti.

Oggi in Italia, come in molti altri Paesi, esistono ancora delle organizzazioni che servono per sostenere gli interessi delle persone che fanno lo stesso lavoro, come i notai, gli avvocati, gli industriali, i commercianti, ma anche gli insegnanti, gli operai, gli impiegati (in questo caso si parla di sindacati). Queste organizzazioni non hanno una parte ufficiale nel governo dello Stato, cioè non eleggono direttamente rappresentanti al Parlamento o nei consigli regionali o comunali, come nel Medioevo e nel Rinascimento. Anche se non hanno un ruolo ufficiale, a volte ragionano con la stessa mentalità delle corporazioni medievali: pensano che la cosa più importante sia difendere l'interesse della loro categoria e si preoccupano poco dell'interesse generale, di tutto il Paese. Questo fenomeno si chiama *corporativismo* ed è considerato una cosa negativa. Le diverse categorie di lavoratori combattono per difendere gli interessi del loro gruppo, che può essere anche una cosa giusta, ma a volte non capiscono che per difendere i loro interessi vanno contro gli interessi di tutti gli altri cittadini e dello Stato nel suo insieme. Alla fine, forse nemmeno loro ci guadagnano, perché uno Stato debole, che funziona male ed è sempre ricattato dalle diverse categorie, non serve a nessuno.

pensaci su

E tu, conosci qualche situazione di corporativismo? Secondo te come si fa a stabilire quale è il limite tra la giusta difesa del proprio interesse e la difesa dell'interesse di tutti, che a volte può andare anche contro il tuo interesse immediato?

Mangiare

Anche nel mangiare le persone del Rinascimento avevano abitudini più raffinate, più simili a quelle dell'impero romano che a quelle del Medioevo. I più ricchi mangiavano uccelli pregiati come pernici, quaglie e fagiani, o animali selvatici come cinghiali, cervi, daini e caprioli. Le carni venivano cotte arrosto o in pentola; con la carne trita si facevano dei pasticci di forme fantasiose, come pesci, uccelli e altri animali. C'erano diversi tipi di pasta, maccheroni, ravioli, lasagne, che si condivano già con il parmigiano. Si mangiavano anche i dolci, ma all'inizio del pranzo, non alla fine! Nella cucina dei ricchi si usavano molte spezie, come pepe, zafferano, cannella, noce moscata, che venivano messe praticamente in tutti i piatti. Si beveva vino non invecchiato e, dopo la scoperta dell'America, anche caffè, tè e cioccolata, che però costavano molto.

Il cibo veniva servito su grandi piatti di metallo decorati, e ognuno aveva il suo piatto e il suo bicchiere. Si mangiava ancora con le mani: la forchetta nel Medioevo e nel Rinascimento si usava raramente e solo per certi tipi di pasta; comincia a essere usata regolarmente per tutti i cibi solo nel Cinquecento, a Venezia, e poco a poco si diffonde nelle altre regioni italiane e nei Paesi europei, fino a tutto il Seicento.

Le persone benestanti ma non ricche mangiavano meno carne, spezie e dolci. A tavola non usavano i piatti, ma solo un tagliere di legno, oppure una grossa fetta di pane per ciascuno su cui si metteva il cibo che si prendeva (naturalmente con le mani) da un piatto messo in mezzo alla tavola.

La dieta dei poveri rimane invece sempre la stessa in tutte le epoche: zuppe, poca carne, un po' di legumi, tanto pane duro e nero. Dopo la scoperta dell'America, arrivano però alcuni nuovi prodotti: le patate, i pomodori, certi tipi di fagioli e il mais, che veniva usato nel Centro-Nord per fare la polenta o il pane.

Buon appetito!

Nelle corti del Rinascimento tutto doveva essere raffinato ed eccezionale, anche la cucina. Alla corte dei ricchi signori si preparavano quindi piatti complicati, pieni di spezie e ingredienti strani, a volte coperti anche da un sottile strato di argento o oro; si metteva lo zucchero dappertutto, anche sulla pasta e sulla carne.

Vediamo ad esempio la ricetta dei 'maccheroni alla napoletana' scritta dal cuoco della famiglia Este, i signori di Ferrara.

Per dieci piatti di maccheroni alla napoletana

Prendi due chili di farina, la mollica di un grosso pane bagnata in acqua profumata di rose, quattro uova fresche e 400 gr di zucchero. Impasta tutto insieme, lavorando a lungo. Poi fai una sfoglia piuttosto grossa e tagliala a strisce. Poi cuocile nel brodo grasso bollente. Servi la pasta coperta di zucchero e cannella, assieme a capponi, polli, anatre o altro.

Questo cuoco si chiamava Cristofaro Messisbugo ed era una persona molto importante a corte: era lui che organizzava i grandi pranzi e le cene, e gli ospiti dovevano rimanere impressionati dalla ricchezza dei signori di Ferrara. Queste mangiate straordinarie duravano tantissimo: a volte iniziavano alle nove di sera e finivano alle cinque di mattina, oppure iniziavano alla mattina e finivano alla sera. Tra un piatto e l'altro c'erano delle pause, in cui si ascoltava musica, si guardava una commedia o un ballo. Questo è il menu di un pranzo importante per 104 ospiti, organizzato nel 1529.

I vivanda
Involtini di polpa di cappone fritti e ricoperti di zucchero; quaglie, polpette e fegati di cappone arrostiti; fagiani arrostiti con arance spaccate; zuppa di cipolle con sfogliatelle di pinoli; code di trote in aceto con limoni tagliati, pesci barbi fritti; anguille in pasta reale; dentici in brodetto.

II vivanda
Polpettoni ripieni accompagnati da salsicce bianche in padella; animelle di vitello fritte e spolverate di zucchero e cannella; capponi alla tedesca in vino dolce con mais; pasticci casalinghi di piccioni; pesci carpioni fritti; rombi in pezzi; code e zampe di gamberoni fritte coperte con aceto; pasticci d'uova di trota; pastine di mandorle alla napoletana.

III vivanda
Pernici arrosto con salsa reale; conigli, tortore e capponi ripieni alla lombarda; piccioni casalinghi ripieni con cedri tagliati; le parti migliori di alcuni pesci arrostite, con zucchero e cannella; pesciolini fritti coperti di salsa dolce con pinoli canditi; trota in brodetto alla comacchiese; pesci arrosto con salsa; tortine di castagne.

IV vivanda
Capretti ripieni arrostiti; capponi in pasta; piccioni ripieni alla lombarda; arrosto con salsa francese; lucci al sale ricoperti di salsa gialla, trote al vino alla ungherese con fette di pane; pesci rombi fritti, coperti di salsa e mostarda; sarde fritte con arance e zucchero; pasticci di pasta reale ripieni di riso alla turca, fritti e ricoperti di zucchero.

V vivanda
Piccioni casalinghi a pezzi; pernici in brodo grasso; lombata di manzo arrosto con salsa alla tedesca; porchette di latte arrosto; barbi alla griglia con salsa; passerotti fritti caldi con arance sopra; aguglie fritte; tortine di frumento all'anice e canditi; pasticcio di vitello giovane.

VI vivanda
Lombate di vitello arrosto con salsa alle amarene; pavoni cucinati in brodo bollente; caprioli con salsa, zuppa nera con mandorle candite; pasticcini di pasta reale ripieni di uova, formaggio e zucchero; salsa di pavone; pesci carpioni all'aceto; orate alla griglia con prezzemolo e cipolline, speziate e soffritte nel burro.

VII vivanda
Pasticci di pere; gelatina di polpe di fagiani, pernici e capponi; gelatina bianca di luccio; finocchi in aceto; olive di Spagna; uova fresche, pere e mele; formaggio parmigiano; cardi con pere e sale.

VIII vivanda
Ostriche, arance e pere; lattemiele; cialdoni; albume d'uovo sbattuto in coppe.

Durante il Rinascimento c'erano molti poveri: si calcola ad esempio che a Firenze nel 1457 circa l'80% delle persone fossero povere, perché pagavano meno di un fiorino (la moneta di Firenze) di tasse all'anno. I grandi pranzi dei ricchi erano quindi uno scandalo, una vergogna. Inoltre, anche persone non molto ricche per fare bella figura spendevano troppo e a volte finivano in miseria per organizzare pranzi lussuosi o per dare la dote alle figlie, cioè un corredo di gioielli e vestiti da portare nella nuova famiglia quando si sposavano. I comuni e le signorie cercavano di limitare queste spese eccessive con leggi che vietavano ai cittadini, anche ai più ricchi, di spendere più di una certa cifra per pranzi, vestiti o gioielli. Però era molto difficile farle rispettare: molti volevano essere liberi di mostrare la loro ricchezza agli altri e quindi inventavano vari trucchi per spendere di più di quello che era permesso dalla legge.

Una legge contro il lusso

La nostra città per molte ragioni sta diventando sempre più povera e debole. Una delle principali cause sono le spese esagerate e inutili delle donne che vogliono vestirsi e abbellirsi in modo ambizioso e superbo. Finisce così che molte donne giovani non si sposano se non hanno una grande dote e molto denaro. Queste doti a volte sono più grandi di tutte le ricchezze del marito, e i padri o i fratelli della sposa spesso rimangono poveri e nudi per pagarle.

È dunque vietato alle donne di Pistoia portare perle tranne quelle che stanno sugli anelli. Non possono portare berretti di velluto complicati, ma solo un cappello semplice di velluto o altra stoffa, senza cordoni o ricami d'argento e d'oro e senza pennacchi o punte d'oro o altri ornamenti. Non possono portare guanti ricamati d'oro e d'argento, né orecchini o gioielli sia veri che falsi. Non possono portare vestiti di stile orientale oppure mantelli fatti con il panno di Lucca o altri tessuti pregiati.

Ordinanza della città di Pistoia, 1558 (riscritta in italiano contemporaneo)

Divertirsi

Mangiare non era l'unico intrattenimento. Nel Rinascimento infatti ci si divertiva in molti modi e anche questo fa capire come ci si sentisse più liberi. Nel Medioevo la Chiesa controllava tutta la vita delle persone e considerava i giochi come una specie di peccato: quindi non si giocava molto e chi lo faceva doveva un po' vergognarsi. Invece nel Rinascimento il gioco diventa una parte importante della vita: tutti, ricchi e poveri, giocano in ogni luogo, in casa, nei negozi, nelle osterie, nelle strade e nelle piazze. Molti giochi che abbiamo ancora oggi sono stati inventati nel Rinascimento, come il biliardo, le carte da gioco, il lotto, la tombola, il gioco dell'oca e una specie di tennis. Certo, le regole e i modi di giocare erano un po' diversi: ad esempio nel calcio fiorentino del '500 si poteva prendere la palla con le mani e saltare addosso agli avversari. A Firenze ancora oggi si gioca a questa anti-

Il calcio storico fiorentino

ca forma di calcio, come vedi nella foto.

Un'altra occasione di divertimento erano le feste e soprattutto il carnevale. I signori della città, sempre per mostrare la loro ricchezza e generosità, organizzavano sfilate di carri e di maschere con musicisti e danzatori e offrivano da mangiare e bere a tutti. Anche a Roma, dove i "signori" erano i papi, si organizzavano grandi feste: si vedevano corse di cavalli, cacce ai tori per le strade, gare di velocità per giovani, adulti e vecchi, sfilate di gente mascherata che si combatteva con bastoni o lanciando uova, ma che veniva anche coperta di uova e liquidi colorati, sporchi e puzzolenti che gli spettatori gettavano dalle finestre.

Non si faceva festa solo per carnevale, ma ogni occasione era buona: quando veniva un ospite straniero importante, quando si nominava il nuovo Signore della città, per la festa di qualche santo particolare.

Il programma del carnevale del 1521 a Roma

Sabato: incontri di lotta tra i contadini delle campagne romane e avversari svizzeri, francesi o di altre nazioni.
Domenica: corsa di cavalli; la sera spettacolo di danze arabe con intermezzi di poesia.
Lunedì: sfilata di maschere, con musica e danze; la sera corsa di asini e commedia.
Martedì grasso: corsa di bufali, sfilata di carri; la sera un'altra commedia.

Tutti i giorni: corride di tori in Piazza Navona e davanti a Palazzo Medici.

Viaggiare

Viaggiare nel Rinascimento non era molto diverso dal Medioevo o dal tempo dei romani. Spostarsi a cavallo costava dieci volte più che andare su un asino, perché il cavallo mangia di più e cibi più costosi, quindi solo le persone più ricche utilizzavano i cavalli. In ogni caso, i viaggi rimanevano lunghi e faticosi. Camminando si percorrono circa quattro chilometri ogni ora, così a piedi si potevano coprire circa 25 chilometri al giorno. A cavallo si facevano normalmente fra i 30 e i 50 chilometri in un giorno, al massimo 80, se si cambiavano gli animali per averli sempre riposati. I carri erano scomodissimi perché non avevano molle o ammortizzatori: le carrozze, un po' più comode, si cominciano a usare solo dopo il 1550. Le strade migliori erano ancora quelle costruite dai romani, ma spesso per passare si doveva pagare una tassa richiesta dal Comune o dal signore padrone delle terre.

Alcune strade avevano anche una certa quantità di traffico. La via francigena, ad esempio collegava Roma e Firenze con il nord Europa fino alle Fiandre e veniva percorsa da mercanti e pellegrini. Lungo il tragitto si tro-

La via francigena

vavano locande dove i viaggiatori potevano mangiare e riposare e stazioni per cambiare i cavalli.

Un po' più veloci erano i viaggi in nave. Sui fiumi, scendendo portati dalla corrente, si potevano fare anche 100 chilometri al giorno. Per mare, invece, dipendeva dal vento. Col vento favorevole si potevano percorrere anche 200 o 300 chilometri in un giorno, ma senza vento si poteva anche stare fermi o quasi!

L'Italia dal '500 al '700

Guerre e scambio di territori

L'Italia, tra il 1450 e il 1530, era sicuramente il Paese europeo con la maggiore ricchezza culturale e artistica: in nessun altro luogo c'erano tanti filosofi, studiosi, artisti, tanti bei palazzi, parchi, opere d'arte, tante corti così splendide. Eppure, l'Italia era anche molto fragile dal punto di vista politico: le continue lotte indebolivano i piccoli Stati italiani senza che nessuno riuscisse a diventare abbastanza grande da imporsi sugli altri e unire tutta la nazione sotto il suo controllo. Inoltre, l'economia italiana cominciava a rallentare: all'inizio del 1300 l'Italia era il Paese europeo più ricco e sviluppato economicamente, ma nel 1500 la concorrenza dei Paesi del Nord Europa diventa molto forte. L'Italia si specializza soprattutto nei prodotti di lusso, di ottima qualità (vestiti e panni di seta, spezie, armi, vetri preziosi, oggetti artistici), ma perde buona parte del mercato dei prodotti di massa, come i tessuti di lana.

Come abbiamo detto, nel '500 gli Stati europei combattono molte guerre in Italia. Alla fine la situazione è quella della carta di pag 69. La Spagna occupa la maggior parte delle regioni italiane: sono suoi tutto il Sud e la Sardegna, la Lombardia e buona parte della Toscana; il resto della Toscana è in teoria uno Stato libero, ma in pratica dipende dalla Spagna. Rimangono liberi lo Stato della Chiesa e la Repubblica di Venezia, ma sono entrambi molto deboli.

All'inizio del '700 le cose però cambiano, perché la Spagna perde buona parte del suo potere in Europa. Altri Stati europei, come la Francia e l'Austria, diventano più forti e cercano di toglierle dei territori, tra cui quelli italiani. Tra il 1700 e il 1748 in Europa si combattono varie guerre in cui i vincitori conquistano e si scambiano pezzi d'Italia. Insomma, le regioni italiane diventano come un premio per chi vince, magari una guerra combattuta in Francia o nel Nord Europa. Alla fine di ogni guerra un pezzo di Italia va a uno, un pezzo va all'altro, con passaggi molto complicati. Pensate ad esempio cosa succede alla Sicilia, che in 40 anni cambia padrone per ben quattro volte: nel 1700 è degli spagnoli, nel 1714 dei Savoia, nel 1720 passa all'Austria e nel 1738 torna agli spagnoli.

Alla fine di tutti questi scambi, troviamo la situazione della cartina qui sotto. L'Italia è sempre controllata da Stati stranieri: gli spagnoli al Sud, gli austriaci al Nord. Esistono alcuni piccoli Stati che sembrano liberi, ma in realtà non lo sono: la Toscana appartiene a una famiglia austriaca, mentre i duchi di Parma e Piacenza sono della stessa famiglia dei re di Spagna. Un po' più libero è lo Stato della Chiesa, perché nessuno vuole fare guerra al papa, ma è piccolo e non ha alcun potere militare. Anche la Repubblica di Venezia era un piccolo Stato libero.

La vera novità in questo periodo è il regno di Sardegna. I re di questo Stato veniva-

L'Italia nel 1748, dopo la pace di Aquisgrana

no da una piccola regione nel Sud della Francia, la Savoia, e la loro famiglia si chiamava appunto Savoia. Durante le guerre sono stati sempre dalla parte di chi vinceva, e hanno avuto come premio parecchi territori italiani: alla fine del '700 controllavano il Piemonte, la Liguria e la Sardegna. Era uno Stato ancora molto piccolo rispetto alla Spagna, alla Francia o all'Austria, ma cominciava ad avere qualche importanza.

La vita in Italia dal '500 al '700

Questi secoli non sono stati un periodo felice per l'Italia. Molte regioni erano controllate dagli stranieri, che le consideravano un po' come colonie: le sfruttavano più che potevano senza restituire quasi niente. L'economia italiana peggiora per questo motivo, ma anche perché ormai il Mediterraneo non era più il mare più importante per gli europei, dato che i grandi commerci e gli scambi si svolgevano soprattutto nell'oceano Atlantico.

Gli Stati italiani, essendo piccoli e deboli, non potevano fare grandi interventi per sostenere le industrie, che rimanevano abbandonate a se stesse ed entravano sempre più in crisi. Anche l'agricoltura andava male, soprattutto perché in tutta Europa era sceso molto il prezzo dei cereali (grano, orzo, avena) e l'Italia era una grande produttrice di cereali. Quindi bisognava cercare di coltivare nuove piante, come il riso in Piemonte, il lino e la canapa nel Nord Italia, la vite in Piemonte e in Toscana.

Al Sud invece molti campi restavano abbandonati e servivano solo per pascolare le pecore. La maggior parte delle terrre era in mano a poche famiglie nobili, che non avevano voglia di investire per migliorare la situazione: vendevano i prodotti e spendevano tutto per i loro consumi. Mentre nel resto d'Europa si scoprivano nuove tecniche agricole e si usavano nuove macchine, in Italia tutto restava come in passato. Le persone che vivevano in campagna erano perciò sempre più povere, in certi casi anche più povere che nel Medioevo.

Le cose cominciano a cambiare a metà del '700, almeno in certe regioni controllate dall'Austria. In Lombardia e in Toscana vengono migliorate le tecniche agricole e nascono nuove industrie, come quelle della seta e del formaggio. Gli austriaci amministravano bene i loro territori e l'economia quindi andava meglio che altrove. Però nel resto d'Italia la situazione rimaneva circa uguale: un'agricoltura tradizionale, quasi nessuna industria, un'amministrazione poco efficiente, poca voglia di investire e migliorare le cose da parte dei re e delle famiglie più ricche.

L'Ottocento e l'Unità d'Italia

Girando per qualsiasi città italiana, troviamo nei nomi di certe vie o piazze alcuni personaggi: Mazzini, Garibaldi, Cavour, Vittorio Emanuele II. Ma chi erano e perché sono così importanti? In questo capitolo vedremo che nell'800 questi uomini hanno fatto diventare l'Italia un Paese unito.

1789-1814	1815	1848	1861	1866	1870
Rivoluzione francese e Napoleone	Restaurazione dei vecchi sovrani	Rivoluzioni per la Costituzione; guerra tra Piemonte e Austria	L'Italia è unita (quasi)	Il veneto diventa parte del Regno d'Italia	Il Lazio e Roma diventano parte del Regno d'Italia

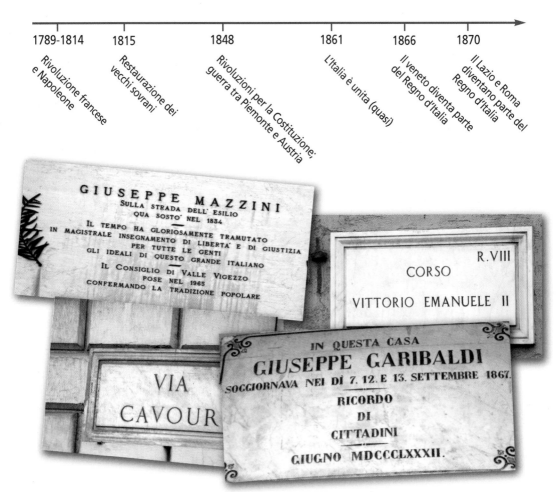

GIUSEPPE MAZZINI
SULLA STRADA DELL'ESILIO
QUA SOSTÒ NEL 1834
IL TEMPO HA GLORIOSAMENTE TRAMUTATO
IN MAGISTRALE INSEGNAMENTO DI LIBERTÀ E DI GIUSTIZIA
PER TUTTE LE GENTI
GLI IDEALI DI QUESTO GRANDE ITALIANO
IL CONSIGLIO DI VALLE VIGEZZO
POSE NEL 1965
CONFERMANDO LA TRADIZIONE POPOLARE

R. VIII
CORSO
VITTORIO EMANUELE II

VIA
CAVOUR

IN QUESTA CASA
GIUSEPPE GARIBALDI
SOGGIORNAVA NEI DÌ 7. 12. E 13. SETTEMBRE 1867.
RICORDO
DI
CITTADINI
GIUGNO MDCCCLXXXII.

La situazione in Italia nella prima metà dell'Ottocento

Un Paese diviso e senza libertà

Alla fine del '700 in Francia scoppia una grande rivoluzione, la Rivoluzione francese. I rivoluzionari vogliono che la Francia sia governata non più da un re-tiranno, ma in modo democratico, cioè in modo che tutti i cittadini siano uguali, liberi e possano decidere attraverso il loro voto. Anche per queste ragioni durante la Rivoluzione il popolo e la borghesia prendono il potere e il re e molti nobili vengono uccisi.

Dopo alcuni anni, Napoleone Bonaparte, un giovane generale, prima prende il potere in Francia, poi, con una serie di guerre, conquista molti Paesi europei, che fa governare ai suoi parenti e amici dopo avere mandato

L'Italia dopo il 1815

via i vecchi re. Questi governi, anche se durano pochi anni, portano grandi trasformazioni: cambiano le leggi e l'organizzazione dello Stato e viene molto ridotto il potere della Chiesa. Nel 1814 però Napoleone è battuto nella battaglia di Waterloo e viene mandato in esilio.

I vecchi re degli Stati europei riprendono il potere e vogliono controllare tutto, per non far tornare le idee della Rivoluzione francese e di Napoleone. Dopo il 1815, dunque, c'era poca libertà: non si poteva parlare e scrivere liberamente, non si potevano dire le proprie idee, specialmente se riguardavano la politica. Il potere dei re era assoluto, cioè decidevano tutto loro. Le persone che amavano la libertà, chiamate liberali, volevano almeno una costituzione, cioè un insieme di leggi fondamentali che mettono dei limiti al potere del re. Alcuni volevano addirittura uno Stato governato dai cittadini e non dal re, cioè una repubblica, e si chiamavano perciò repubblicani.

Questi problemi esistevano in tutta Europa. In Italia ce n'erano però anche altri. Innanzitutto, in molte regioni italiane comandavano gli stranieri. La Lombardia e il Veneto appartenevano all'Austria; la Toscana e una parte dell'Emilia erano governate da parenti dei re austriaci; tutto il Sud Italia era della famiglia Borbone, parenti dei re di Spagna. Quindi, a parte lo Stato della Chiesa e il Piemonte (o, più esattamente, il Regno di Sardegna), tutta l'Italia era controllata da re stranieri.

L'altro grande problema era che l'Italia non era ancora un Paese unito. Già al tempo dei romani si parlava di "Italia", come quella zona che sta tra le Alpi e la Sicilia. Anche nel Medioevo e nel Rinascimento è chiaro che tutte le persone che abitano in questa zona hanno molte cose in comune: una storia che viene dall'impero romano, la religione cristiana cattolica (che ha come capo il papa), una cultura formata nel Medioevo e nel Rinascimento, una lingua scritta uguale per tutti, l'italiano (le lingue parlate, cioè i dialetti, erano invece molto diverse). Però l'Italia non era un Paese unito, ma era ancora divisa in tanti Stati piccoli e deboli, che potevano essere facilmente controllati dai grandi Stati europei, come l'Austria, la Francia o la Spagna.

Alcune persone volevano risolvere tutti questi problemi. Comincia così un periodo chiamato Risorgimento (*risorgere* dà l'idea di un popolo che si alza e passa all'azione), in cui gli italiani tentano più volte di unire l'Italia in un unico Stato e di avere più libertà. Il Risorgimento è quel periodo che dura tutta la prima metà del 1800 e si conclude nel 1861 con l'unità d'Italia.

Il Risorgimento: primi tentativi di cambiare le cose

Nell'800 alcune persone si chiamavano patrioti perché volevano liberare la loro patria, cioè il loro Paese. In Italia nel 1820 e 1830 provano a combattere contro i re degli Stati italiani per cambiare le cose. Vogliono avere più libertà, leggi sicure uguali per tutti basate su una costituzione, vogliono mandare via gli stranieri e vogliono unire tutti i piccoli Stati italiani in un solo grande Stato. Naturalmente i re non sono d'accordo e combattono contro i patrioti: molti vengono arrestati, uccisi o costretti a fuggire all'estero.

ieri e oggi

Lo Stato liberale

Nel Rinascimento nascono gli Stati moderni, in cui una sola autorità (normalmente un signore o un re) comanda su tutti gli altri e organizza tutte le attività attraverso dei collaboratori. Questo tipo di Stato si chiama assoluto: chi ha il potere può decidere tutto, cioè fare le leggi, metterle in pratica, giudicare se i sudditi le seguono oppure no. La Rivoluzione francese fa finire lo Stato assoluto in cui comanda solo il re: i cittadini, in particolare i borghesi, volevano avere il potere, prendere le decisioni, essere liberi. Questo tipo di Stato si chiama liberale, perchè difende la libertà dei cittadini.

Uno Stato liberale ha queste caratteristiche:
- La legge sta al di sopra di tutti e tutti devono obbedire alle leggi, anche il re, il capo del governo e le persone ricche e importanti.
- La legge fissa quindi dei limiti al potere delle persone potenti: non possono fare ciò che vogliono, ma solo ciò che è permesso dalla legge. Si dice che è uno 'Stato di diritto', uno Stato dove il diritto, cioè la legge, è sopra tutti. Anche lo Stato stesso deve rispettare la legge nelle sue azioni verso i cittadini.
- Esiste una costituzione, cioè un insieme di norme e principi fondamentali che fissano in modo chiaro i limiti al potere e le libertà dei cittadini, cioè i loro diritti e i loro doveri.
- Tra i diritti fondamentali degli Stati liberali troviamo il diritto di esprimere le proprie idee, di possedere delle cose, di essere giudicati da un tribunale libero e indipendente da chi governa.
- I cittadini eleggono dei rappresentanti che vanno al parlamento per fare le leggi e prendere le decisioni.
- I diversi poteri dello Stato sono separati, in modo che ognuno può controllare gli altri: il potere di fare le leggi è del parlamento, il potere di metterle in pratica è del governo, il potere di decidere se sono rispettate è della giustizia. Se questi poteri sono tutti nelle mani di una sola persona o di un piccolo gruppo di persone, lo Stato non è più liberale, ma assoluto.

Dopo il 1815 quasi tutti gli Stati europei erano assoluti: il re aveva tutti i poteri e non obbediva a niente e a nessuno, nemmeno alla legge (perché la legge la faceva lui). L'unico Stato abbastanza liberale a quel tempo era l'Inghilterra. Ci sono volute molte lotte, durante l'Ottocento, per cambiare le cose e convincere i re a dare una costituzione, a garantire ai cittadini i loro diritti tra cui quello, molto importante, di potere scegliere dei rappresentanti al parlamento per fare delle leggi che tutti devono rispettare, anche il re.

pensaci su

Oggi molti Stati si definiscono liberali. Secondo te, lo sono davvero? I principi che abbiamo elencato sopra sono completamente rispettati? Pensa a qualche Stato che dice di essere liberale ma che non rispetta completamente questi principi.

Per non essere scoperte dalla polizia, queste persone si riunivano in società segrete. Una delle più importanti era chiamata Carboneria. Vi partecipavano studenti, uomini di cultura, ufficiali dell'esercito e professionisti, ma erano pochi e non tutti si conoscevano fra loro: in questo modo, se qualcuno veniva arrestato e interrogato non poteva dire i nomi di molti altri membri dell'organizzazione.

Le rivoluzioni organizzate dalla Carboneria e dalle altre società segrete non funzionano e finiscono tutte male, perché sono troppo piccole e la gente non le conosce. Quando provano a combattere, iniziano la lotta poche centinaia di persone. Qualcuno li segue, soprattutto tra gli studenti, gli ufficiali dell'esercito, i borghesi, ma sono sempre molto pochi: la maggior parte del popolo non capisce cosa vogliono e ha paura di fare la guerra al re, quindi li lascia soli. Alla fine, è facile per il re riprendere il controllo e arrestare questi rivoluzionari.

Allora un patriota, Giuseppe Mazzini, decide che è ora di cambiare e di organizzare in modo nuovo la rivoluzione per liberare l'Italia. Innanzitutto bisogna far partecipare il popolo. Basta segreti: bisogna scrivere un programma e farlo conoscere a tutti, soprattutto a quelli che non sanno leggere e scrivere, che allora erano la maggioranza. Bisogna che le diverse regioni italiane facciano la rivoluzione insieme, per liberare l'Italia tutta intera: basta organizzare rivolte qui e là, bisogna educare gli italiani ad essere un solo popolo che deve combattere tutto insieme. Mazzini aveva anche un'altra idea, molto rivoluzionaria per quei tempi: non voleva il re, ma una repubblica, cioè uno Stato in cui il popolo governa se stesso attraverso rappresentanti eletti liberamente.

Giuseppe Mazzini

Ma anche le rivolte organizzate da Mazzini falliscono: i re e l'Austria conservano sempre il controllo e molti patrioti sono arrestati o uccisi. I patrioti capiscono che da soli non ce la possono fare: bisogna avere l'aiuto di uno Stato, con un vero e proprio esercito. L'unico Stato che poteva fare questo era il Piemonte. Il Piemonte infatti era abbastanza libero e non era controllato dagli austriaci. Anzi, nel 1848 aveva provato a fare guerra all'Austria per conquistare la Lombardia, ma non ci era riuscito, perché era uno Stato piccolo, mentre l'Austria era un impero grande e potente. Anche il Piemonte quindi aveva bisogno di essere aiutato da uno Stato più forte.

L'Italia diventa un Paese unito

Nel 1850 il Piemonte (o meglio, il Regno di Sardegna, che comprendeva anche la Liguria, la Sardegna, Nizza e la Savoia) era lo Stato italiano che piaceva di più ai patrioti. C'era una costituzione, quindi il re non poteva fare tutto ciò che voleva, ma anche lui doveva rispettare certe leggi. C'era anche abbastanza libertà di espressione, cioè si potevano dire e scrivere le proprie idee politiche senza finire subito in prigione. L'amministrazione funzionava bene, l'agricoltura e l'industria erano tra le migliori in Italia e l'economia cresceva rapidamente. Il re era Vittorio Emanuele II, della famiglia Savoia; dal 1852 il

Vittorio Emanuele II

primo ministro, cioè il capo del governo, era Cavour.

Cavour era un uomo politico molto intelligente e capiva che il Piemonte da solo non avrebbe mai potuto vincere una guerra contro l'Austria. Cerca dunque un accordo con la Francia: la Francia avrebbe aiutato il Piemonte a conquistare la Lombardia e il Veneto; in cambio, il Piemonte avrebbe aiutato la Francia a creare due nuovi regni italiani, uno al centro e uno al Sud, controllati dai francesi. In questo modo l'Austria se ne sarebbe andata, mentre la Francia avrebbe avuto una grande influenza sull'Italia. Ma le cose non finiranno così.

All'inizio il piano di Cavour sembra funzionare. Nel 1859 scoppia la guerra tra Piemonte e Austria e la Francia aiuta i piemontesi a battere gli austriaci e conquistare la Lombardia. Ma qui succede una cosa che nessuno si aspettava. Infatti gli abitanti dell'Italia centrale decidono, da soli, di ribellarsi ai loro re e al papa: vogliono unirsi anche loro al regno di Piemonte e chiedono a Vittorio Emanuele di diventare il loro re. Una bella fortuna per lui: senza fare niente, si trova a essere re di uno Stato grande dal Piemonte fino alla Toscana!

Cavour

Ma non finisce qui. Vedendo che tante cose stanno cambiando, Garibaldi decide di andare a liberare l'Italia del Sud. Nel 1860 parte con mille soldati e inizia a combattere in Sicilia. I siciliani lo aiutano e in poco tempo tutta la Sicilia è libera. Allora Garibaldi arriva in Calabria, continua a combattere e conquista Napoli. Garibaldi, come il suo amico Mazzini, erano dei veri rivoluzionari: volevano arrivare fino a Roma, mandare via il papa e fare uno Stato libero,

I Mille sbarcano in Sicilia

una repubblica dove tutti potessero votare e decidere. Questo però era troppo per i re europei di quel tempo: poteva diventare un "cattivo esempio" per gli altri popoli, che avrebbero chiesto anche loro la libertà e avrebbero cercato di cacciare i re. E poi l'Austria e la Francia erano Stati cattolici e non potevano sopportare l'idea che qualcuno facesse guerra al papa.

Quindi Vittorio Emanuele va incontro a Garibaldi e, vicino a Napoli, gli chiede di smettere di combattere. Garibaldi capisce che da solo non può affrontare il Piemonte e tutti gli Stati europei, e si ferma. A questo punto Vittorio Emanuele diventa re anche di tutta l'Italia del

L'Unità d'Italia (1859-1861)

Territori controllati dall'Austria

Territori del Regno di Sardegna ceduti alla Francia

Lombardia tolta all'Austria

Territori dell'Italia centrale che si uniscono al Piemonte

Territori dello Stato della Chiesa conquistati dal Piemonte

Torino
Milano
Venezia
REGNO DI SARDEGNA
Genova
NIZZA
Firenze
Ancona
MAR ADRIATICO
Roma
STATO DELLA CHIESA
Teano
Bari
Napoli
REGNO DELLE DUE SICILIE
Cagliari
MAR TIRRENO
Palermo
Marsala

Confini del Regno d'Italia nel 1861
Percorso di Garibaldi
Percorso dell'esercito piemontese

Sud, insomma di quasi tutta l'Italia.

Mancano ancora due pezzi per arrivare all'Italia come è oggi. Il Veneto infatti era rimasto all'Austria. Viene conquistato nel 1866, approfittando di una guerra europea che indebolisce l'Austria (le zone di Trento e Trieste saranno conquistate più tardi, nel 1918). Rimane il problema di Roma. La Francia difendeva il papa e non permetteva che si conquistasse lo Stato della Chiesa. Però nel 1870 la Francia perde una guerra molto importante contro la Prussia, il suo esercito è distrutto e non può fare più niente. L'Italia allora ne approfitta: senza fatica batte il piccolo esercito del papa e conquista il Lazio e Roma. Lascia al papa solo un piccolissimo territorio che esiste ancora oggi, lo Stato del Vaticano.

Nel 1871 Roma diventa la capitale del Regno d'Italia.

la storia e le storie

Garibaldi

Giuseppe Garibaldi (1807-1882) veniva da una famiglia di marinai. Da giovane aveva seguito Mazzini e con lui aveva partecipato a una rivolta a Genova nel 1834, proprio contro il re di Piemonte. La rivolta era fallita e Garibaldi, per non essere arrestato e condannato a morte, era scappato in America del Sud, dove aveva combattuto per la libertà dei popoli di quel continente. Lì prende alcune abitudini che non abbandonerà per tutta la vita: indossa un mantello di lana colorata chiamato poncho, fuma il sigaro e beve molto caffè, ma non ha mai toccato vino e liquori.

Nel 1848 torna in Italia, perchè vuole aiutare il Piemonte e i patrioti a liberare la Lombardia dagli austriaci. Il re di Piemonte vede arrivare questo strano personaggio dal Sud America con i capelli lunghi e la barba, vestito col poncho, che pochi anni prima era stato condannato proprio dai piemontesi per avere organizzato una rivolta. Oggi lo chiameremmo un guerrigliero, un rivoluzionario. I piemontesi gli propongono di andare a Venezia per fare guerra all'Austria sul mare, ma lui non ci sta e si mette a combattere sulle montagne della Lombardia. Ormai però è tardi: il Piemonte ha già perso diverse battaglie e decide di arrendersi. Garibaldi invece continua la guerra tutto solo sulle Alpi e riesce anche a vincere qualche scontro con gli austriaci, che sono molto più numerosi e bene armati. Però alla fine si ammala e deve rifugiarsi in Francia.

Appena guarisce corre a Roma, dove nel 1849 è scoppiata un'altra rivolta: i rivoluzionari mandano via il Papa e creano una repubblica, cioè uno Stato dove comandano tutti i cittadini. Il Papa chiama i francesi e i napoletani per attaccare la repubblica e riprendersi Roma. Garibaldi combatte con intelligenza e coraggio e riesce a sconfiggere sia i francesi che i napoletani, ma il Governo della repubblica ogni volta lo trattiene, gli dice di non esagerare, e così alla fine Roma viene assediata e riconquistata dal Papa. Garibaldi con pochi uomini fugge per l'Italia centrale, cercando di arrivare a piedi fino a Venezia, dove i rivoluzionari stanno ancora resistendo contro l'Austria. È una marcia durissima: partono in 4000 da Roma, ma molti si stancano e se ne vanno; arrivano al mare solo in 1500, dopo avere attraversato il Lazio, la Toscana, le Marche e la Romagna. Sono inseguiti e circondati da decine di migliaia di soldati austriaci, ma riescono sempre a passare, grazie alla grande intelligenza di Garibaldi e all'aiuto delle persone che incontrano sulla strada. Garibaldi alla fine tiene con sé solo i 200 uomini migliori e li carica su piccole barche per andare a Venezia. Purtroppo le navi austriache riescono a fermarli in mare e catturano più della metà dei rivoluzionari. Garibaldi riesce a scappare e sbarca sulla costa vicino a Ravenna. Con lui c'è anche sua moglie, Anita, che è malata e aspetta un bambino: il viaggio è stato troppo faticoso e proprio alla fine muore. Garibaldi è considerato un pericoloso rivoluzionario in tutta Europa e deve quindi fuggire a New York.

Nel 1860 abbiamo visto che Garibaldi riesce a conquistare da solo, con pochissimi uomini, tutta l'Italia meridionale, che diventa parte del nuovo Stato italiano. Cerca anche di liberare Roma, ma Vittorio Emanuele II lo ferma.

Dopo l'Unità d'Italia, Garibaldi prova per altre due volte, nel 1862 e nel 1867, a liberare Roma, ma non ci riesce, perché molti Stati europei, e soprattutto la Francia, difendevano il papa: l'esercito italiano gli spara contro, lo ferisce, lo arresta e lo obbliga a vivere a Caprera, una piccola isola vicino alla Sardegna che Garibaldi aveva comprato tanto tempo prima. Su questa isola lavora in campagna, coltiva le piante e alleva gli animali, come un vecchio contadino. Garibaldi in quegli anni è ufficialmente considerato un eroe, però in fondo è rimasto un rivoluzionario, che odia il re e il papa e vuole la repubblica: per questo fa paura ai re italiani, che lo tengono in esilio nella sua isola. Un bel modo di ringraziarlo, dopo che gli aveva regalato mezza Italia!

La vita in Italia dopo l'Unità

I problemi del nuovo Stato

Dopo essere stata per secoli divisa in piccoli Stati regionali, in pochi anni l'Italia diventa un grande Paese unito: nel 1870 c'è un solo re, un solo governo, un solo esercito, una sola amministrazione, una sola moneta, una sola lingua ufficiale, l'italiano. Una bella conquista, senza dubbio. Però rimanevano tanti problemi.

Per cominciare, le regioni italiane erano molto diverse tra loro. Per secoli e secoli avevano avuto storie separate e questo aveva prodotto grandi differenze. Ad esempio, alcune regioni del Nord, come il Piemonte e la Lombardia, avevano un'economia abbastanza forte, simile a quella di altri Paesi europei: c'erano alcune industrie, l'agricoltura era moderna, si viaggiava bene in ferrovia, sulle strade e sui canali. Invece, molte regioni del Centro e del Sud erano molto povere, perché l'economia era ancora all'antica, non molto diversa da quella medievale: non c'erano industrie, la terra era coltivata con metodi tradizionali, si viaggiava poco e male. Anche i modi di pensare, di abitare, di mangiare erano molto diversi nelle varie regioni italiane. Infine c'era il problema della lingua: solo le persone che avevano studiato sapevano parlare, leggere e scrivere bene l'italiano, ma erano pochissimi; tutti gli altri parlavano solo il loro dialetto e non sapevano leggere e scrivere. Per insegnare a tutti l'italiano, nel 1877 una nuova legge obbliga i bambini ad andare a scuola almeno per due anni. Però due anni sono pochissimi e comunque molti bambini continuavano a non andare a scuola, perché a cinque o sei anni iniziavano a lavorare.

Un altro problema era che bisognava far funzionare il nuovo Stato. Fino al 1859 gli Stati regionali italiani erano divisi e chiusi, quindi era difficile viaggiare da uno all'altro. Dopo l'Unità bisognava costruire strade e ferrovie per unire zone che erano rimaste separate per secoli. Inoltre, fino al 1859 ogni Stato regionale aveva la sua moneta, ora invece ce n'era una sola, la lira: bisognava creare una banca nazionale, produrre le nuove monete e farle usare alle persone. Bisognava formare anche un grande esercito, con soldati che venivano da tutte le regioni. E infine serviva un'amministrazione nuova, per fare rispettare le leggi in tutte le regioni, raccogliere le tasse, contare le persone, dare loro i servizi necessari.

Insomma, fare partire uno Stato completamente nuovo non è facile e costa tanto. Per questo i cittadini dovevano pagare molte tasse, sino al 30% dei loro guadagni, una delle percentuali più alte del mondo a quei tempi. Queste tasse colpivano soprattutto i più poveri: ad esempio, c'era una tassa sulla farina, una sul sale, insomma sulle cose più semplici, che servivano per la vita di tutti i giorni. Inoltre, tutti i giovani dovevano andare per diversi anni a fare il servizio militare nell'esercito e questo significava che non potevano lavorare a casa per la loro famiglia. Per molti italiani, dunque, i primi anni dopo l'Unità non sono stati facili, anzi le loro condizioni sono peggiorate.

Un brigante

Nel Sud tante persone non erano contente del nuovo Stato e lo combattevano: alcuni protestavano con violenza nelle città, altri andavano a vivere sulle montagne e diventavano briganti. Nel periodo 1861-65 i briganti al Sud erano tantissimi, un piccolo esercito che combatteva contro il nuovo Stato. È stata come una guerra civile tra persone della stessa nazione: lo Stato italiano riesce a vincere, ma dopo avere ucciso più di 5.000 briganti e averne arrestati altri 5.000.

La vita in campagna

Alla fine dell'800 la maggior parte degli italiani viveva e lavorava in campagna. La vita dei contadini è sempre stata dura, in tutte le epoche e in tutte le regioni. In certe zone del Centro-Nord, come le pianure della Lombardia, del Piemonte e dell'Emilia, o in Toscana, le condizioni erano un po' migliori: la terra era buona, produceva bene e anche i proprietari cercavano di migliorare i sistemi di coltivazione. In queste zone era diffuso il sistema della mezzadria: il padrone metteva la terra e i contadini dovevano dargli la metà, o anche di più, di tutto quello che producevano come il grano, la frutta e la verdura, il latte e gli animali. In questo modo sia il padrone che i contadini erano interessati a far produrre di più la terra e cercavano di renderla migliore, ad esempio usando nuove tecniche di lavorazione.

Nel resto d'Italia, però, i sistemi di coltivazione rimanevano molto primitivi: si lavorava tanto e si produceva poco, come nel Medioevo. I più poveri non avevano neanche un pezzo di terra da coltivare ed erano pagati qualche soldo per una giornata di duro lavoro nelle terre dei signori. Questi contadini più poveri venivano chiamati braccianti, perché non avevano niente a parte le braccia per lavorare. Guadagnavano una o due lire al giorno, una paga che non bastava nemmeno a dare da mangiare a tutta la famiglia: soffrivano spesso la fame, si ammalavano per la fatica e la cattiva alimentazione, non mandavano i figli a scuola perché li facevano lavorare nei campi. A volte questi contadini erano così disperati che si ribellavano: protestavano contro i padroni e contro il governo, facevano rivolte, si rifiutavano di lavorare. Al Nord riescono a ottenere qualche diritto in più e una paga migliore, ma al Sud le cose cambiano poco. Per fare un esempio, all'inizio del 1900 in Calabria i contadini guadagnavano esattamente come nel 1780!

Al Nord i contadini abitavano in fattorie sparse per tutta la campagna. Al Sud invece vivevano nei paesi e nei villaggi e tutti i giorni andavano a lavorare nei campi, che a volte erano lontani anche parecchi chilometri. I contadini più poveri non avevano nemmeno una casa e abitavano nelle grotte o nelle capanne, insieme con gli animali.

Si capisce allora perché, dalla fine dell'800 in poi, tantissime persone hanno abbandananato le campagne, alcuni per cercare lavoro nelle città, altri per emigrare all'estero.

Il lavoro nelle miniere

Nell'800 uno dei lavori più duri era quello delle miniere. In Sicilia c'erano molte miniere di zolfo, dove le condizioni erano pesantissime. Bisognava scavare delle gallerie sottoterra per prendere il minerale e tutto il lavoro era fatto a mano, con il piccone e la pala. A volte le gallerie erano molto piccole, basse e larghe 1 metro e 30 o poco di più, così che un uomo non poteva quasi muoversi. Allora si facevano lavorare i bambini dagli 8 agli 11 anni, che essendo piccoli arrivavano dappertutto. E poi, siccome erano bambini, venivano pagati molto meno di un operaio, anche se erano costretti a un lavoro durissimo. Nelle miniere la temperatura arrivava a 50 gradi e più e i bambini dovevano lavorare dalle 8 alle 10 ore al giorno, rompendo la roccia con il piccone e portando sacchi di 25 o 30 chili per centinaia di metri sottoterra. I ragazzi un po' più grandi lavoravano per 10 o 12 ore al giorno, portando sacchi di 70 e 80 chili, come gli adulti.

Un operaio adulto guadagnava da 3 a 3,5 lire al giorno, mentre ai bambini davano da 0,5 a 2 lire; i bambini più deboli guadagnavano anche 0,35 lire al giorno. Molti bambini erano figli degli operai ed erano trattati un po' meglio, altri invece non avevano una famiglia o erano abbandonati in miniera dai genitori, che volevano solo prendere la loro paga: per questi la situazione era molto peggiore.

Operai e bambini non tornavano a casa per tutta la settimana: da lunedì a sabato dormivano in grandi stanzoni. Portavano con sé da casa il pane per tutta la settimana e mangiavano quasi solo quello, a volte accompagnato da qualche minestra.

La vita nelle città e nei paesi

Molti Paesi europei, come la Francia, la Germania, l'Inghilterra, verso il 1850 erano già fortemente industrializzati. In Italia, invece, solo in poche zone c'erano delle industrie, che cominciano a crescere lentamente dopo il 1880. In Italia mancavano le condizioni per uno sviluppo industriale: c'erano pochi ponti, strade, ferrovie, canali, fognature, sistemi per portare l'acqua nelle città, e soprattutto mancavano persone con i capitali e la mentalità moderna. Inoltre, mentre in altri Paesi europei alla fine dell'Ottocento un gran numero di persone apparteneva alla "classe media", cioè a una borghesia di impiegati, piccoli imprenditori, commercianti, insegnanti, in Italia erano pochissime: c'erano poche famiglie molto ricche e una

Una coppia borghese

grandissima maggioranza di contadini e operai poveri.

Proviamo a vedere la situazione delle città più da vicino. Appena si forma il nuovo Regno d'Italia bisogna capire quanti sono gli italiani, dove vivono, come lavorano. Si fa perciò un censimento, cioè si cerca di contare e descrivere tutta la popolazione. Nel 1861 gli italiani erano 26,3 milioni e abitavano in quasi 8.000 comuni. La maggior parte di questi comuni erano paesi piccoli e piccolissimi. Le città grandi, con più di 50.000 abitanti, erano

I Sassi di Matera, case scavate nella roccia

poche e si trovavano quasi tutte nel Nord Italia. Non c'era nessuna grande metropoli, come Londra o Parigi: per fare un esempio, nel 1906 Parigi aveva tre milioni di abitanti, Roma solo 500.000.

Nelle città i pochi ricchi abitavano in case grandi e di buona qualità, mentre la maggior parte delle persone viveva in case piccole e modeste, con poca luce, con un bagno in comune per tante famiglie o anche senza bagno. Solo una famiglia su sette viveva in una casa con un bagno che funzionava. Più di 100.000 italiani vivevano in case sottoterra, delle piccole stanze con una sola porta che serviva sia per entrare che per prendere aria. In certe regioni del centro-sud, come Lazio, Basilicata, Campania, Calabria e Sicilia, migliaia di persone abitavano in grotte o stanze scavate nella roccia. Molte case non avevano un camino e così, quando si faceva il fuoco per scaldarsi o per cucinare, il fumo non usciva e riempiva tutta la casa.

Le condizioni igieniche in media erano scadenti. Solo 97 comuni avevano fognature che funzionavano bene e solo in 1.313 esistevano acquedotti e tubazioni: in tutti gli altri comuni le persone prendevano l'acqua da bere alla fontana o al fiume.

Circa la metà dei comuni aveva qualche sistema per raccogliere i rifiuti, ma spesso funzionava male; in tutti gli altri comuni nessuno raccoglieva i rifiuti, che venivano buttati in grandi mucchi oppure in mezzo alla strada, finché i maiali se li mangiavano o la pioggia e il vento li portavano via. Spesso si lasciavano i rifiuti nella stalla o nel cortile di casa, con i risultati che si possono immaginare: le case e le strade si riempivano di cattivi odori e insetti e si diffondevano le malattie.

Un altro grave problema di igiene era la sepoltura dei morti. Dall'inizio dell'800 era vietato seppellire i cadaveri dentro le chiese o nei terreni che stavano dentro le mura delle città, ma alla fine del secolo questo si faceva ancora in molti comuni. La gente era cosi povera che spesso, specie nel Sud, seppelliva i morti senza cassa; altrove, ad esempio in Puglia o in Abruzzo, in molti paesi non esistevano dei veri e propri cimiteri, ma solo fosse comuni dove venivano gettati i cadaveri tutti insieme.

Lavorare nelle città

Alla fine dell'800 molti Paesi europei avevano grandi fabbriche che davano lavoro a centinaia o migliaia di persone. In Italia invece le industrie erano poche e piccole, spesso poco più grandi delle botteghe artigiane del Medioevo e del Rinascimento. Gli artigiani erano bravi e producevano oggetti di buona qualità, come stoffe, vestiti, strumenti, armi. Però mentre in Germania o in Inghilterra si fabbricavano migliaia o milioni di pezzi all'anno, in Italia queste piccole industrie artigiane arrivavano a poche centinaia. Spesso le donne e i bambini non andavano a lavorare in fabbrica, ma si portavano il lavoro a casa. Molti lavoravano un po' in città e un po' in campagna, a seconda della stagione.

Mancavano in Italia le industrie pesanti, quelle che hanno bisogno di grandi macchine e grandi costruzioni per fabbricare ad esempio i metalli. Nel grafico si vede bene la differenza tra l'Italia e altri Paesi europei nella produzione di acciaio. Alla fine dell'800 la produzione di acciaio in Italia era veramente minima e comincia a crescere solo all'inizio del '900, ma anche così rimane molto inferiore a quella di Paesi veramente industrializzati come la Gran Bretagna e la Germania.

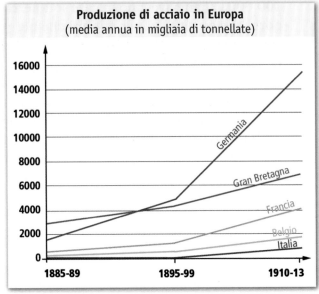

Produzione di acciaio in Europa
(media annua in migliaia di tonnellate)

Il lavoro nelle città era duro. Gli operai e le operaie lavoravano in media 12-14 ore al giorno, spesso anche alla domenica, che significa circa 72-84 ore alla settimana (esattamente il doppio di quanto si lavora oggi). Sia in campagna che in città i bambini iniziavano a lavorare molto presto, verso i nove anni, appena finivano i tre anni obbligatori di scuola elementare; le famiglie più povere li facevano lavorare subito, anche a cinque o sei anni. I bambini lavoravano tanto, quasi quanto gli adulti, anche 8 o 10 ore al giorno. Solo nel 1886 una legge inizia a regolare il lavoro dei bambini e a vietare l'uso di bambini troppo piccoli e per un numero eccessivo di ore.

Nelle famiglie più povere anche le bambine erano costrette a lavorare, perché spesso lo stipendio del padre non bastava: ecco la storia di una di loro, Maria Barbero, una ragazzina piemontese all'inizio del '900:

Sono nata a Torino nel 1904. Era una famiglia operaia la mia, di undici figli, padre, madre e nonna [...] Ho cominciato a lavorare a nove anni, ho fatto la panettiera. Ho fatto fino alla terza elementare e poi sono andata a lavorare in un negozio che mi dava sedici soldi al mese e un chilo di pane al giorno, dalla mattina alle quattro, perché facevo anche il pane, sino alla sera alle sei. Mi accompagnava al lavoro la mia mamma tutte le mattine perché avevo paura del buio [...] Allora sono andata a lavorare da Wild in tessitura a anche lì facevo la «piccola». Lavoravo con le mani nell'acqua ... si chiamava «attaccafili»; ero con le filatrici, quelle che facevano le bobine per portarle al telaio e tutto il giorno avevamo le mani nell'acqua, così per dieci ore. Avevo undici anni. Mezz'ora per mangiare. Mezz'ora vuol dire mangiare vicino alla macchina con le mani sporche, lì non si lavava niente. Non c'era niente, non c'erano neanche gli spogliatoi.

Come spendeva lo stipendio un operaio milanese

Alla fine dell'800 gli operai milanesi guadagnavano circa 3,5 lire al giorno, cioè circa 1100 lire all'anno. Con questa cifra non si faceva la fame: il pranzo era garantito per tutta la famiglia e si riuscivano a comprare anche un po' di carne, burro e zucchero. Bisognava poi pagare l'affitto e le spese di riscaldamento. Tolte queste spese indispensabili, però, non rimaneva quasi niente: la spesa per tabacco, vestiti, scarpe, divertimenti era solo il 3% del totale, ed era quindi praticamente impossibile mettere soldi da parte per migliorare le proprie condizioni o per affrontare i periodi di difficoltà.

Mangiare

Alla fine dell'800 l'Italia era un Paese agricolo, con molte zone povere, dove si mangiava poca carne e poca frutta. Alla base dell'alimentazione, specie nelle regioni del Sud, c'era il grano e quindi il pane e la pasta, che venivano conditi con le olive e l'olio: ancora oggi questi sono gli alimenti alla base di una dieta detta "mediterranea". Però solo i più ricchi mangiavano pane bianco come quello che si trova oggi: la gente comune mischiava nel pane di tutto, come farina di mais o di segale, castagne e persino le ghiande, un cibo che di solito si dà ai maiali. I braccianti più poveri del Sud mangia-

La dieta di un contadino mantovano nel 1870

Il contadino si alza prima dell'alba e porta i buoi a bere. Poi li riporta in stalla e gli dà da mangiare il fieno. Quando ha finito, va in cucina, taglia a fette circa un chilo della polenta avanzata dalla sera prima e la mette sul fuoco per arrostirla. Poi se la mangia con un po' di formaggio casalingo. Torna nella stalla a pulire le bestie e fare altri lavori. Alle otto fa un'altra colazione uguale alla prima, o in stalla o nei campi. A mezzogiorno la moglie gli porta nel campo un piatto di minestra fatta con riso, fagioli o altri legumi, un po' di lardo, aglio e prezzemolo. Alla sera la moglie cuoce la polenta sul fuoco del camino, poi la versa su un tagliere di legno al centro della tavola. Tutta la famiglia mangia la polenta, di solito con cipolle e insalata condite con olio scadente, sale e aceto. Nei mesi dopo la vendemmia, cioè in autunno, si beve anche un po' di vino annacquato, negli altri mesi solo acqua. Il vino buono si beve solo d'estate, quando si deve fare molto lavoro: si porta sul campo per pranzo o quando si ha bisogno di energia.

Da *Inchiesta Romilli. L'agricoltura e le classi agricole nel Mantovano (1879)*, con adattamenti.

vano praticamente solo questo pane nero e duro, insieme a un po' di verdure e pochissimo olio e olive.

In alcune regioni del Nord, come Lombardia e Veneto, si consumava meno grano, perché il cibo di base era la polenta, fatta con acqua e farina di mais. Questa dieta fatta solo di polenta, con poca carne e poca frutta, non era sana e molte persone si ammalavano.

	Nord	Centro	Sud
Pane	4,6	5,3	7,2
Paste	0,4	1,3	2,0
Farina di mais	1,5	1,3	-
Riso	1,4	0,3	0,1
Carne fresca	0,8	0,8	0,5
Carne salata	0,2	0,2	0,1
Formaggi	0,2	0,4	0,3
Latte (litri)	0,8	0,2	0,3
Verdure	1,6	1,3	2,5
Vino (litri)	3,1	5,2	5,7

Alimentazione media settimanale di un operaio (in chili o litri)
Nell'inchiesta non si parla nemmeno di pesce e frutta, che probabilmente erano assenti o molto rari.
Inchiesta sulle condizioni igieniche e sanitarie dei Comuni del Regno, 1885.

Non tutti gli italiani alla fine dell'800 erano poveri e mangiavano poco. C'era anche una parte della popolazione, i borghesi, che stava meglio. A loro si rivolgeva Pellegrino Artusi, oggi famoso perché ha scritto il primo manuale di cucina dell'Italia unita. Fino al 1860 nei diversi Stati italiani, infatti, si preparava il cibo in modi molto diversi e non si sapeva quasi nulla di come cucinavano gli altri. Artusi ha messo nel suo libro le migliori ricette italiane, scrivendole in modo semplice e piacevole, così che quasi tutte le famiglie borghesi ne avevano una copia: si può dire che Artusi abbia contribuito anche all'unificazione linguistica italiana, proponendo un modo comune di parlare delle cose di tutti i giorni. Le sue ricette, infatti, non sono solo delle istruzioni su come preparare i piatti, ma spesso contengono spiegazioni scientifiche sulle proprietà dei diversi cibi, consigli di saggezza o racconti di storie curiose. Nella ricetta che trovate qui, dopo avere elencato alcuni stereotipi sui cibi in diverse nazioni, si descrive l'incontro con Felice Orsini, un rivoluzionario.

Pellegrino Artusi

Buon appetito!

Maccheroni col pangrattato

Se è vero, come dice Alessandro Dumas padre, che gli Inglesi non vivono che di roast-beef e di budino; gli Olandesi di carne cotta in forno, di patate e di formaggio; i Tedeschi di sauer-kraut e di lardone affumicato; gli Spagnuoli di ceci, di cioccolata e di lardone rancido; gl'Italiani di maccheroni, non ci sarà da fare le meraviglie se io ritorno spesso e volentieri a parlarne, anche perché mi sono sempre piaciuti; anzi poco mancò che per essi non mi acquistassi il bel titolo di Mangia maccheroni, e vi dirò in che modo.

Mi trovavo nella trattoria dei Tre Re a Bologna, nel 1850 in compagnia di diversi studenti e di Felice Orsini amico d'uno di loro. Erano tempi nei quali in Romagna si discorreva sempre di politica e di cospirazioni; e l'Orsini, che pareva proprio nato per queste, ne parlava da entusiasta e con calore si affannava a dimostrarci come a Bologna si preparava una sommossa, che lui e qualche altro capo avrebbero guidato con le armi in mano. Io nel sentir trattare con così poca prudenza e in un luogo pubblico di un argomento tanto compromettente e di un'impresa che mi pareva da pazzi, rimasi freddo ai suoi discorsi e tranquillamente badavo a mangiare un piatto di maccheroni che avevo davanti. Questo comportamento offese l'Orsini che, rimasto umiliato, ogni volta che poi si ricordava di me, domandava agli amici: - Come sta Mangia maccheroni? - [... altre 5 righe in cui Artusi parla di Orsini]

Maccheroni lunghi e che reggano bene alla cottura, grammi 300.
Farina, grammi 15.
Burro, grammi 60.
Formaggio groviera, grammi 60.
Parmigiano, grammi 40.
Latte, decilitri 6.
Pangrattato, quanto basta.

Se vi piacessero più saporiti aumentate la dose del condimento. Ai maccheroni date mezza cottura, salateli e scolateli. Mettete al fuoco in una pentola metà del burro e la farina, mescolando continuamente; quando questa comincia a prender colore versate il latte a poco per volta e fatelo bollire per una diecina di minuti; poi gettate in questa besciamella i maccheroni e il groviera grattato o a pezzettini e fate bollire piano finché ritirino il latte. Allora aggiungete il resto del burro e il parmigiano grattato; versateli poi in una teglia che regga al fuoco e copriteli tutti di pangrattato. Mettete tutto in forno con il fuoco sopra e quando saranno rosolati serviteli caldi da soli o, meglio, accompagnati da un piatto di carne.

P. Artusi, *La scienza in cucina e l'arte di mangiar bene*. Testo adattato.

Salute e malattie

Alla fine dell'800 in Italia molti si ammalavano perché erano poveri e mangiavano poco e male. In alcune regioni del Nord c'era la pellagra, una malattia che dipende dalla mancanza della vitamina PP, che si trova nel latte, nella carne, nel grano, ma non nel mais, che era la base della dieta dei contadini, fatta principalmente di polenta.

Non solo si mangiava poco, ma spesso i cibi erano conservati male e tenuti vicino allo sporco. Molti avevano problemi intestinali e diarrea, o anche malattie più gravi come il tifo e il colera. La sporcizia causava anche malattie della pelle, come la scabbia, o l'attacco dei parassiti, come i pidocchi. Era frequente anche la tubercolosi, che colpiva i polmoni e le ossa fino alla morte. Tutte queste malattie, che dipendevano dalla mancanza di igiene, uccidevano ogni anno migliaia di persone e le malattie infettive erano la causa di morte più frequente.

Nel 1884 gli ospedali erano solamente 1.167 in tutto il territorio italiano, più altre 130 cliniche specializzate, come quelle per bambini, per la cura delle malattie degli occhi, per la maternità. Ogni anno venivano ricoverate 310.00 persone, ma molte altre rimanevano a casa anche se erano gravemente malate.

Viaggiare

Anche per quanto riguarda il viaggiare troviamo grandi differenze tra Nord e Sud. Il mezzo più veloce e moderno per spostarsi a quei tempi era la ferrovia: un treno percorreva 150 chilomentri di pianura in circa 4 ore, mentre in carrozza a cavalli ne servivano almeno 12. In Italia nel 1861 però le

Asiago
Arrivo del Primo Treno

pochissime ferrovie si trovavano quasi tutte al Nord, dove c'erano anche più strade e canali per le barche. Insomma, il Nord Italia aveva dei livelli di trasporto un po' scarsi ma paragonabili a quelli di altri Paesi europei, il Sud invece era decisamente arretrato.

Anche le navi italiane per il trasporto in mare erano poche e antiquate: la maggior parte era ancora di legno e andava a vela, mentre inglesi, francesi e statunitensi usavano sempre di più le moderne navi di ferro spinte dal vapore.

Le cose migliorano nei decenni dopo l'Unità. Si costruiscono nuove ferrovie e strade, soprattuto al Sud, e così l'Italia diventa più unita anche sul piano dei trasporti: non dimentichiamo che prima c'erano tanti Stati e nessuno poteva costruire una ferrovia diretta tra Milano e Napoli.

Il tempo libero

Nel tempo libero, i nobili e i borghesi più ricchi andavano ai concerti nel teatro della città, organizzavano grandi feste, andavano a cavallo e a caccia.

Le donne ricevevano amiche e amici in casa un giorno fisso della settimana, e negli altri giorni ricambiavano le visite, andando a trovare le amiche, anche due o tre nello stesso pomeriggio. In questi numerosi incontri della "buona società" si stava in salotto, la stanza più bella della casa, e si mangiavano pasticcini, si bevevano tè o cioccolata e si parlava delle feste, degli spettacoli, di politica e di cultura.

Le famiglie della media borghesia, invece, organizzavano ogni tanto delle feste in casa, in cui invitavano parenti, amici e vicini: ad esempio per celebrare il battesimo o la comunione dei figli, una promozione sul lavoro, un anniversario. Si cantava e si suonava il pianoforte, la chitarra, il mandolino e si mangiavano i dolci preparati dalla padrona di casa. Qualche volta si aveva l'occasione di fare qualcosa anche fuori casa: una festa organizzata dal circolo a cui apparteneva il marito, una gita in campagna, una passeggiata per le vie del centro, un piccolo concerto dell'associazione di musicisti e cantanti dilettanti. Gli uomini si incontravano al caffé o al circolo per discutere, oppure andavano al *café-chantant*, un locale dove si beveva e si assisteva a spettacoli. Le donne stavano in casa a fare piccoli lavori, a cucinare, a seguire i bambini e uscivano solo per fare la spesa, per andare in chiesa o per partecipare a qualche iniziativa organizzata sempre dalla chiesa.

Le famiglie degli operai non avevano molto tempo libero: lavoravano duramente tutta la giornata e le poche ore che rimanevano servivano per riposarsi. Gli uomini a volte andavano all'osteria, dove si trovava un vino un po' migliore di quello che si beveva a casa. A volte l'osteria diventava il ritrovo di socialisti, anarchici e rivoluzionari che parlavano di politica, scioperi e manifestazioni, ma anche di iniziative con cui gli operai si aiutavano tra loro. Ad esempio le mutue erano delle associazioni di risparmio e aiuto tra operai che servivano a pagare la pensione per i vecchi o un sussidio di disoccupazione per chi aveva perso il lavoro. La domenica, se non si lavorava, il divertimento più comune era anche quello meno costoso, cioè una passeggiata ai giardini o nelle vie del centro. Ma questo si poteva fare solo se si avevano dei vestiti buoni, altrimenti bisognava rimanere in casa o nel proprio quartiere di operai. Per questo gli operai, verso la fine dell'Ottocento, appena miglioravano un po' la loro condizione economica cercavano di comprarsi subito un buon vestito per potere uscire la domenica.

I contadini avevano ancora meno tempo libero. Infatti, per gli animali non c'è domenica e bisogna sempre dargli da mangiare, da bere, mungerli, pulirli. In primavera e in estate c'erano tante cose da fare che in alcuni mesi i contadini lavoravano fino a 18 ore al giorno. La domenica andavano a messa e cercavano di faticare un po' meno, perché secondo la Chiesa è peccato lavorare di domenica. Durante l'inverno, quando le notti sono lunghe e fuori ci sono meno cose da fare, tutta la famiglia si riuniva nella stalla, dove faceva più caldo perché c'erano gli animali, e ognuno svolgeva lavoretti leggeri, come togliere i semi al granturco, aggiustare gli attrezzi, cucire o filare.

Parlare italiano e studiare

La lingua italiana nel nuovo Stato

Come abbiamo visto, l'Italia è stata un Paese unito fino alla fine dell'impero romano, nel 476 d.C. Poi, per 1400 anni, è stata divisa in tanti territori, Stati, regni, ognuno con i suoi capi, le sue abitudini, la sua lingua. Al tempo dei romani tutti parlavano latino, in seguito ognuno ha cominciato a parlare una lingua neo-latina un po' diversa dalle altre. Alcune di queste lingue sono poi diventate le lingue ufficiali di grandi Stati, come il francese in Francia o lo spagnolo in Spagna.

E l'italiano? Nel Medioevo non esisteva una "lingua italiana": ognuno parlava il volgare del suo posto, come il siciliano, il calabrese, il napoletano, il toscano, il veneto, l'emiliano, il piemontese. Noi oggi li chiamiamo dialetti, ma sono anche loro delle vere e proprie lingue neo-latine. Se un siciliano oggi parla siciliano e un piemontese parla piemontese non si capiscono, proprio come non si capiscono uno spagnolo e un francese. Uno di questi dialetti "ha fatto carriera", è diventato cioè sempre più importante fino ad essere la lingua italiana ufficiale. È il dialetto toscano, che è diventato importante soprattutto perché nel Medioevo i tre scrittori principali erano toscani: Dante, Petrarca e Boccaccio. Nei secoli successivi, tutti gli scrittori italiani hanno voluto imitare il loro modo di scrivere e questo è diventato un modello comune per la lingua della letteratura: sono apparsi dizionari e grammatiche per insegnare l'italiano a chi non era nato in Toscana. Poco alla volta questa lingua italiana/toscana è stata usata anche per i libri di filosofia, scienza, storia e per scrivere lettere, leggi, contratti, giornali.

Insomma, a partire dal 1500 esisteva una lingua italiana comune, ma era una lingua solo scritta e quindi conosciuta solo da persone che sapevano leggere e scrivere, cioè pochissimi. Tutti gli altri continuavano a parlare nei loro dialetti. Anche le persone istruite parlavano normalmente in dialetto e usavano l'italiano solo nelle occasioni ufficiali o davanti a qualche persona di un'altra regione. Persino Manzoni e i suoi amici facevano una gran fatica a parlare italiano, come si legge in questa testimonianza.

Manzoni e la storia della lingua italiana

Alessandro Manzoni apparteneva a una delle famiglie più ricche e colte di Milano. È considerato uno dei padri della lingua italiana, perché con il romanzo *I promessi sposi* ha creato un nuovo modo di scrivere, più semplice e moderno. Eppure l'italiano non era la sua lingua materna, perché a casa parlava dialetto milanese e francese. Come tutte le persone del suo tempo, ha dovuto imparare l'italiano sui libri, a scuola, come una lingua straniera, anzi come una 'lingua morta', dice lui, proprio come latino e greco, cioè una lingua scritta che nessuno parla. Manzoni descrive così la fatica che lui e i suoi amici facevano quando parlavano italiano.

Immaginate dunque che ci troviamo cinque o sei milanesi in una casa, dove stiamo parlando, in milanese, del più e del meno. Capita uno, e presenta un piemontese, o un veneziano, o un bolognese, o un napoletano, o un genovese; e, come vuole la buona educazione, si smette di parlar milanese, e si parla italiano. Dite voi se il discorso cammina come prima; dite se non dovremo ora servirci d'una parola generica o approssimativa, dove prima sarebbe stata pronta quella speciale, appropriata; oppure aiutarci con una giro di parole e descrivere, mentre prima bastava semplicemente dire il nome; o tirare a indovinare, mentre prima si era certi della parola che si doveva usare; anzi non ci si pensava, veniva da sé; e qualche volta, quando siamo proprio disperati, finiamo anche per usare la parola in milanese, correggendola con un 'come si dice da noi'.

Alessandro Manzoni, *Della lingua italiana*, manoscritto 1830-1859; testo adattato

Se facevano tanta fatica a parlare italiano le persone colte, figuriamoci tutti gli altri! Manzoni per imparare bene l'italiano decide di fare un viaggio a Firenze, proprio come noi oggi andiamo a Londra per imparare l'inglese. A Firenze scopre che il toscano vivo, parlato dai fiorentini, è ben diverso dal toscano che ha studiato sui libri, basato su modelli antichi e ormai morti. Decide dunque di riscrivere *i Promessi sposi* cambiando la lingua per renderla più simile al fiorentino parlato nell'800. Un lavoro di correzione linguistica enorme, riga per riga, che gli richiede 13 anni. Guardate quante cose cambia Manzoni in questo brano dei Promessi sposi, dove si parla della conversione di Fra Cristoforo: tra parentesi quadre si trova il testo della versione del 1827 mentre fuori dalla parentesi è la versione finale del 1840.

«Ma, padre, lei non deve [ella non debbe] stare in codesta positura.» E, presolo per le braccia, lo sollevò. Fra Cristoforo, in piedi, ma col capo chino, rispose: «io posso dunque sperare che lei m'abbia concesso [ch'ella mi abbia accordato] il suo perdono! E se l'ottengo da lei, da chi non devo [deggio] sperarlo? Oh! s'io potessi sentire dalla sua bocca questa parola, perdono!» «Perdono?» disse il gentiluomo. «Lei [Ella] non ne ha più bisogno. Ma pure, poiché [ella] lo desidera, certo, certo, io le perdono di cuore...»

L'italiano e la scuola dopo l'Unità di Italia

Nel 1861 l'Italia era dunque un Paese unito ma senza una lingua comune, parlata da tutti. A parte in Toscana, a Roma e in poche zone dell'Italia centrale (dove si parlano dialetti molto simili all'italiano), nel resto del Paese solo l'1-2 % delle persone conosceva l'italiano abbastanza bene, tutti gli altri parlavano solo il dialetto; alcuni capivano un po' l'italiano, ma non sapevano parlarlo e sicuramente non sapevano scriverlo. Molti maestri di scuola elementare parlavano male l'italiano e, in certe regioni del Sud, alcuni non sapevano nemmeno leggere e scrivere. Le scuole erano poverissime: mancavano i libri, i quaderni, a volte anche i banchi e le sedie.

Il nuovo Stato cerca di migliorare questa situazione con una legge che obbliga tutti i bambini ad andare a scuola per almeno due anni. Nonostante questo, più della metà dei bambini rimane a casa a lavorare. Questo significa che pochi sapevano leggere e scrivere: nel 1861 la cifra ufficiale era il 22%, ma molti di loro riuscivano appena a scrivere il proprio nome e facevano fatica anche a leggere due o tre frasi. In certe regioni più povere, come quelle del Centro-Sud, la situazione era anche peggiore.

Pochissimi sapevano leggere e scrivere bene anche perché solo un ragazzo su cento continuava a studiare dopo le scuole elementari. La situazione migliora molto lentamente e solo all'inizio del 1900 il numero degli analfabeti comincia a diminuire davvero, mentre aumentano quelli che frequentano tutte le scuole elementari e continuano a studiare anche dopo. Aumenta anche il numero di persone che capiscono e parlano l'italiano, e non solo grazie alla scuola. Infatti, tutti gli uomini giovani durante il servizio militare erano obbligati a spostarsi in altre regioni e per farsi capire dovevano usare l'italiano. Molti contadini andavano a vivere in città e anche lì sentivano più spesso parlare italiano. Le persone che emigravano all'estero dovevano imparare a leggere e scrivere per scambiarsi le lettere con la famiglia; inoltre capivano che studiare era importante per avere successo nella vita, quindi invitavano i figli ad andare a scuola.

Gli italiani lasciano l'Italia: l'emigrazione

Emigranti italiani

Nel 1800 molti Paesi europei avevano grandi colonie fuori dall'Europa, in Asia, Africa, America. Queste davano ai loro re un senso di forza e di importanza, ma servivano anche per altre ragioni: dalle colonie si potevano prendere prodotti agricoli, metalli, pietre preziose; vi si potevano vendere le proprie merci senza avere la concorrenza di altri Stati; si potevano mandare là le persone più povere che non avevano un lavoro o della terra da coltivare nel Paese di origine.

Alla fine dell'800 l'Italia era uno degli Stati europei più deboli. Le sue colonie erano l'Eritrea e un pezzo della Somalia, due piccole zone dell'Africa che non avevano praticamente nessuna ricchezza. Gli italiani provano a conquistare l'Etiopia, ma l'esercito non ce la fa, viene sconfitto e per un po' l'Italia rinuncia ad avere altre terre.

Siccome l'Italia non aveva colonie, i suoi abitanti più poveri andavano a cercare terra e lavoro in altri Paesi europei, in America o in Australia. Si calcola che dal 1871 al 1951 siano andati a lavorare all'estero più di 20 milioni di italiani; 14 milioni sono tornati in Italia dopo periodi più o meno lunghi, mentre 7 milioni sono rimasti all'estero e non sono più tornati. Questo significa che oggi vivono nel mondo almeno 40 milioni di figli e nipoti di italiani e 4 milioni di loro hanno ancora la cittadinanza italiana. È come se ci fosse un'altra Italia sparsa nel mondo.

Emigranti e immigrati

Emigrare significa **lasciare un Paese** per andare a lavorare in un altro; queste persone si chiamano emigranti. *Immigrare* significa invece **entrare in un nuovo Paese** per lavorare; queste persone si chiamano immigrati. Quindi:
Alla fine dell'800, molti emigranti italiani lasciano l'Italia ed emigrano degli Stati Uniti. Negli Stati Uniti, sono degli immigrati.
Alla fine del '900, molti emigranti africani lasciano i loro Paesi ed emigrano in Italia. In Italia, sono degli immigrati.

A un certo punto, verso la fine dell'800, emigravano così tanti italiani che diventa necessario dare delle regole. Si crea quindi un ufficio per controllare le persone che partivano, per vedere se avevano tutti i documenti, se andavano con navi e agenzie regolari e non invece con dei truffatori, se avevano abbastanza denaro per sistemarsi nel nuovo Paese almeno nei primi tempi e per pagarsi un biglietto di ritorno se non riuscivano a trovare lavoro. Ma come si faceva a dimostrare di avere abbastanza denaro, se uno emigrava proprio perché non ne aveva?

Martin Scorsese:
i nonni emigrarono dalla Sicilia ed esattamente da Polizzi Generosa e da Ciminna, paesini in provincia di Palermo, agli inizi del 1900.

Molti emigrati partivano dal Centro e Sud Italia, ma tanti anche dalle zone più povere della Lombardia, del Veneto e del Piemonte. Quasi tutti gli emigranti erano contadini, minatori o muratori; c'erano anche alcuni artigiani ma quasi nessun professionista istruito. Di solito partivano gli uomini, mentre le donne rimanevano a casa; a volte invece andava la famiglia intera, anche con i bambini.

John Turturro:
suo padre Nicola, Nicholas, era un carpentiere pugliese di Giovinazzo, in provincia di Bari e sua madre Catherine era una cantante jazz ed aveva origini siciliane.

I viaggi degli emigranti erano un grosso affare per le compagnie di navigazione, che mandavano i loro agenti nelle campagne più povere, per cercare di convincere i contadini a imbarcarsi. A volte giravano dei veri truffatori, che vendevano finti biglietti, prendevano i soldi dei contadini e li mandavano al porto della grande città, dove non c'era nessuna nave e dovevano tornare indietro, senza soldi e disperati. Ma anche quando il biglietto era valido, i contadini arrivavano ai porti delle grandi città, come Genova, Napoli e Palermo, senza sapere quasi nulla, con tanti sogni e molta ignoranza. Venivano visitati da un medico per controllare che non avessero malattie e poi aspettavano giorni o settimane prima di partire.

Il viaggio durava alcune settimane e le condizioni a bordo erano pessime. Le persone erano tante e viaggiavano strette: dormivano, mangiavano e passavano la giornata nello stesso grande stanzone. Appena il tempo lo permetteva uscivano sul ponte per prendere aria. Faceva caldo, l'aria puzzava perché non ci si poteva lavare e c'era un bagno ogni 200 persone. Molti si ammalavano proprio sulle navi che li dovevano portare

Francis Ford Coppola:
i suoi nonni erano emigranti originari di Bernalda, provincia di Matera

verso una vita migliore. All'arrivo c'era un controllo medico: chi aveva qualche malattia infettiva non poteva entrare nel nuovo Paese, ma veniva rimesso sulla nave e spedito di nuovo in Italia. Chi invece passava la visita medica, dal porto di arrivo, come New York, Rio de Janeiro o Buenos Aires, doveva fare poi altri lunghi viaggi per arrivare alle città di destinazione.

Mentre negli Stati Uniti gli emigranti italiani lavoravano soprattutto per costruire case, strade o ferrovie, in America del Sud l'occupazione principale era l'agricoltura nelle piantagioni di mais e caffè o nei boschi a tagliare legna.

Le condizioni di vita e di lavoro spesso erano terribili. I lavoratori italiani non erano abituati al caldo, agli insetti e ai serpenti. Spesso i rapporti con la popolazione locale non erano buoni. Per alcuni la "Merica", come scrivevano gli emigranti italiani nelle loro lettere mandate alle famiglie, era una terra ricca e di fortuna. Per altri era solo "ricca di vermi e di serpenti". Ma era quasi sempre meglio dell'Italia, dove molti contadini con le loro famiglie morivano di fame.

La lettera di un italiano emigrato in Brasile

Ecco una delle tante lettere che scrivevano gli italiani emigrati all'estero. Non sono stati corretti i molti errori di ortografia.

Caro Frattello sono vite da bestie che se qualche duno [= qualcuno] a il pensiero di venire in America digli che lo scaccia dalla mente come un pensiero cattivo [...] siamo qui in una casa di legno [...] e riposiamo su grosse foglie di rovero [=un tipo di albero], in mezzo a tartarughe e rane senza Messa e senza Dio, come i rangotani [=Orangutan, grandi scimmie], e se tu vuoi sapere come che e la Merica sono tute boscalie e tutte case di legno però ben lavorate ma non come la nostra perche la nostra e come Dio vuole [...]

Da dove partono gli italiani

Periodo	Italia settentrionale e centrale	Italia meridionale
1876-1878	92.658	8.760
1886-1888	161.244	63.499
1896-1898	193.905	103.112
1905-1907	382.370	357.291

Dove emigrano gli italiani

Anni	Per l'Europa e altri Paesi del Mediterraneo	Per i Paesi oltre Oceano (America, Australia)	Totale
1876	88.923	19.848	108.771
1886	84.952	82.877	167.829
1896	113.235	194.247	307.482
1906	276.042	511.995	788.037

5 Il Novecento

L'Italia cambia

All'inizio del '900 l'Italia era un paese rurale. Questo significa che la maggioranza dei suoi abitanti viveva e lavorava nelle campagne e il settore più importante dell'economia era l'agricoltura. Rispetto ad altri Paesi europei, c'erano poche industrie, poche strade e la gente non era abbastanza istruita. L'Italia rimarrà un paese rurale sino agli anni '50-'60 del secolo, quando inizierà un periodo chiamato "boom economico" e molti italiani abbandoneranno le campagne per andare a vivere nelle città e a lavorare nelle fabbriche. È in questi anni che l'Italia diventa un Paese veramente moderno e si avvicina ad altri Paesi europei industrializzati.

Contadini sardi all'inizio del '900

Nel Novecento dunque il modo di vivere degli italiani cambia radicalmente: in effetti è cambiato più negli ultimi 100 anni che nei 1000 precedenti. Perciò in questo capitolo non parleremo, come negli altri, di "come si vive nel Novecento", ma distingueremo diversi periodi storici all'interno del secolo.

1914-18	1922	1939-45	1955-64	1972-78	1993
Prima guerra mondiale	Il fascismo al potere	Seconda guerra mondiale	Boom economico	Crisi economica	Fine della 'Prima repubblica'

La prima guerra mondiale

Nella prima parte del secolo scoppiano due guerre a cui partecipano molti popoli e nazioni di tutto il mondo, che vengono perciò chiamate guerre mondiali. La prima inizia nel 1914 e dura fino al 1918, mentre la seconda dura dal 1939 al 1945. Tutte e due iniziano in Europa e in tutte e due partecipa l'Italia.

Queste guerre scoppiano per vari motivi, ma soprattutto perché le più grandi nazioni europee combattono per controllare gran parte del mondo. Abbiamo già visto che, dal 1400 al 1800, Stati come Spagna, Portogallo, Francia, Inghilterra avevano conquistato territori in tutti i continenti, chiamati colonie. Le nazioni europee che possedevano molte colonie formavano un impero e perciò questa gara a chi conquistava più colonie si chiama "imperialismo".

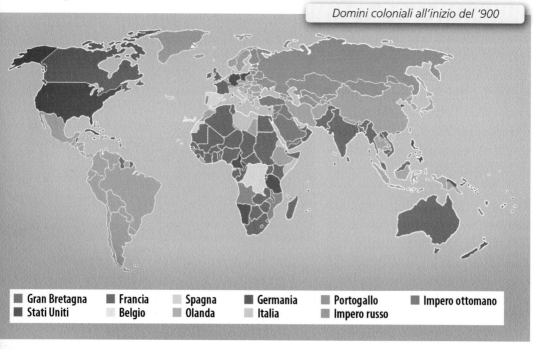

Domini coloniali all'inizio del '900

| ■ Gran Bretagna | ■ Francia | ▨ Spagna | ■ Germania | ▨ Portogallo | ■ Impero ottomano |
| ■ Stati Uniti | ▨ Belgio | ▨ Olanda | ▨ Italia | ▨ Impero russo | |

Una colonia forniva materie prime come legno e metalli, o prodotti agricoli come banane, caffè, cotone e spezie. Questi prodotti costavano poco perchè gli operai che lavoravano nelle colonie erano pagati pochissimo, oppure niente, come degli schiavi.

All'inizio del Novecento anche l'Italia aveva due piccole colonie in Africa, l'Eritrea e la Somalia, dove non c'era quasi nulla. Nel 1912 conquista la Libia, ma era anche questo un territorio molto povero. Nel 1914 il governo italiano sperava, partecipando alla guerra, di poter conquistare nuove colonie sia in Africa che in Europa, nella zona dei Balcani al di là del mare Adriatico. Un altro importante motivo che spingeva l'Italia a partecipare alla guerra era occupare alcuni territori abitati da italiani che appartenevano allora all'impero austriaco, come il Trentino e la zona intorno a Trieste.

Nel 1914 iniziano a combattere Germania e Austria contro Francia, Inghilterra e Russia. L'Italia all'inizio non viene coinvolta: alcuni italiani volevano approfittare della situazione ed entrare subito in guerra, mentre altri volevano rimanere neutrali. Alla fine la parte che vuole entrare in guerra ha la meglio e così nel 1915 l'Italia si allea con Francia, Inghilterra e Russia contro Austria e Germania. Il centro della guerra in Europa era al confine fra Germania e Francia, mentre l'Italia era impegnata soprattutto sulle Alpi, al confine con l'Austria.

All'inizio i generali combattevano con i metodi delle guerre dell'800: mandavano avanti molti soldati per cercare di sfondare le linee nemiche e prenderle poi alle spalle. Ma le armi ora erano molto diverse: c'erano cannoni potenti, fucili che si caricavano velocemente e soprattutto le mitragliatrici, che potevano sparare centinaia di colpi in un minuto. Con queste armi era facile uccidere migliaia di soldati mentre si stavano avvicinando, e così quasi nessuno riusciva ad arrivare vivo alle postazioni del nemico. Nei primi anni di guerra ci sono stati degli enormi massacri senza che nessuno riuscisse a conquistare praticamente un metro di terra. Ad esempio, nella battaglia della Somme, tra Francia e Germania, sono morti 600.000 soldati francesi e tedeschi, ma alla fine le posizioni sono rimaste circa uguali.

Soldati in trincea

Anche gli italiani nel 1915-16 hanno combattuto in questo modo contro gli austriaci: sono morte decine di migliaia di soldati, ma i confini alla fine rimanevano sempre gli stessi.

Dopo queste immense stragi i generali capiscono che è inutile assaltare direttamente le fortificazioni nemiche e decidono quindi di proteggere i propri uomini scavando dei ripari nel terreno, le trincee, dove i soldati stavano al riparo dal fuoco nemico e uscivano solo qualche volta per tentare degli attacchi, spesso completamene inutili. Questo modo di combattere viene chiamato "guerra di trincea" e così si è svolta la maggior parte della Prima guerra mondiale.

Tra il 1915 e il 1917 gli italiani riescono a conquistare qualche piccolo territorio agli austriaci. Nel 1917 però gli austriaci rompono le difese italiane a Caporetto e in pochi giorni conquistano tutto il Friuli e riescono ad arrivare vicino a Venezia. Molti italiani sono uccisi o presi prigionieri, altri scappano e si disperdono: ancora oggi quando si parla di una grande sconfitta si dice "è una Caporetto". Gli italiani riescono a ricostruire le difese sul fiume Piave, dove gli austriaci si fermano. Nel 1918 ormai l'Austria e la Germania erano molto deboli, dopo tanti anni di guerra: gli italiani ne approfittano e riescono a riconquistare i territori perduti e prendere anche

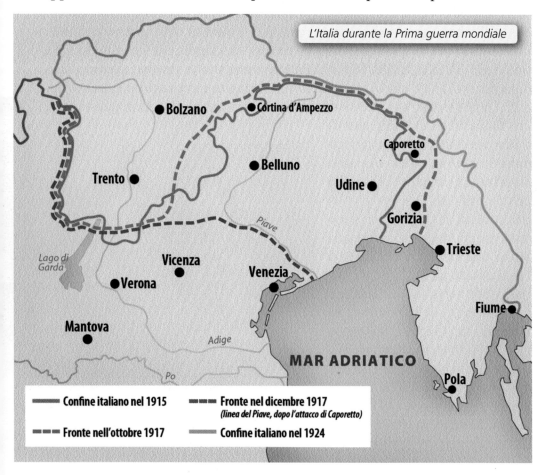

L'Italia durante la Prima guerra mondiale

Bolzano • Cortina d'Ampezzo • Caporetto •

Trento • Belluno • Udine • Gorizia •

Piave

Lago di Garda • Vicenza • Venezia • Trieste •

Verona •

Fiume •

Mantova •

Adige

MAR ADRIATICO

Po

Pola •

— Confine italiano nel 1915   ▬ ▬ ▬ Fronte nel dicembre 1917
(linea del Piave, dopo l'attacco di Caporetto)

▬ ▬ ▬ Fronte nell'ottobre 1917   — Confine italiano nel 1924

Trento e Trieste. L'Austria, sconfitta, deve cedere altri territori, come tutto il Trentino, l'Alto-Adige e l'Istria (che oggi fa parte della Croazia). Alla fine della guerra i confini dell'Italia arrivavano esattamente alle Alpi e anche un po' oltre, come si vede nella cartina.

La vita in trincea era durissima. I soldati rimanevano per molte settimane in questi buchi, al freddo, bagnati, sporchi, senza riuscire a dormire e riposarsi. Avevano sempre paura che un generale ordinasse un attacco contro le trincee nemiche, che significava un forte rischio di morire o essere feriti. Spesso prima dell'attacco veniva distribuito del liquore per stordirli e non fargli sentire il pericolo.
Così un comandante inglese ricorda il momento dell'uscita dei suoi uomini dalle trincee durante la battaglia della Somme: all'inizio sembrava quasi come in gioco, ma poi si trovavano le mitragliatrici e la morte.

Questi continuavano a balzar fuori senza ritardi, in ordine perfetto, senza correre né gridare... ogni tanto uno dei ragazzi mi faceva un cenno di saluto con una mano, e io gli gridavo buona fortuna con il megafono. E tutti avevano l'aria allegra... Potevo vedere alla mia destra e alla mia sinistra, lunghe linee di uomini. Poi ho cominciato a udire a distanza i ta-ta-ta delle mitragliatrici e, prima che avessi avuto il tempo di percorrere altri dieci metri, ben pochi erano gli uomini ancora al mio fianco; il tempo di percorrerne venti ed ebbi l'impressione di essere rimasto solo. A questo punto fui colpito.

La Prima guerra mondiale ha avuto degli effetti importanti sulla società italiana. Sono morti 600.000 soldati e tra loro 21.000 giovanissimi ufficiali, ragazzi appena diplomati o laureati, che potevano diventare i futuri dirigenti e funzionari dello Stato italiano. Insomma, appena in Italia si forma una generazione di persone che ha studiato, una buona parte di loro va a morire in guerra. Inoltre, durante la guerra quasi tutti gli uomini abili, e

Ricostruzione di una trincea

anche molti ragazzi dai 18 anni in su, sono stati chiamati a combattere. Pochi sono rimasti a lavorare nelle fabbriche e nei campi e il loro lavoro è stato preso dalle donne, che per la prima volta entrano in massa nel mondo del lavoro organizzato.

Il fascismo

Gli anni dopo la fine della guerra sono stati molto difficili. Quasi tutti gli Stati europei si trovavano in una grande crisi economica, perché avevano speso moltissimo per produrre armi e mantenere gli eserciti. Molte industrie erano state distrutte; le campagne o erano state abbandonate dai contadini che erano andati a combattere, oppure erano diventate luoghi di battaglia e non si potevano più coltivare. Molti soldati tornati dalla guerra non riuscivano a trovare lavoro e rimanevano disoccupati.

Tanti contadini italiani erano andati a combattere perché gli avevano promesso che, alla fine della guerra, gli avrebbero dato dei campi da lavorare, prendendoli dai grandi proprietari. Queste promesse non vengono però mantenute dal Governo e i contadini rimangono senza terre, più poveri di prima, e iniziano a protestare.

Anche gli operai protestavano e facevano spesso sciopero. Infatti nel 1917 in Russia il Partito comunista aveva preso il potere con la rivoluzione: le proprietà private venivano date a contadini e agli operai, che ora si trovavano a comandare su tutte le altre classi, borghesi e nobili. In Italia alcuni operai volevano fare lo stesso, altri chiedevano solamente delle migliori condizioni, ad esempio lavorare otto ore al giorno, guadagnare meglio e avere dei rappresentanti sindacali nelle fabbriche. Tutti questi scioperi causavano problemi agli industriali e a molti cittadini. Inoltre, sia i grandi proprietari di terre e di industrie, sia i piccoli borghesi che avevano poche cose, ma ci tenevano molto (come ad esempio una casa, il negozio, qualche campo), avevano paura di perdere le loro proprietà se avessero vinto i comunisti come in Russia.

Negli anni tra il 1919 e il 1922 in Italia c'era quindi una gran confusione, i governi erano deboli e non riuscivano a controllarla. In questo clima di agitazione nasce il Partito fascista, fondato da Benito Mussolini. Da una parte i fascisti sembravano un partito "normale", cioè che si presentava alle elezioni per far eleggere i deputati da mandare in Parlamento. Dall'altra parte erano un movimento violento, che non rispettava le leggi. Combattevano i loro avversari, cioè socialisti e comunisti, non attraverso il dibattito politico e le elezioni, come si fa in uno stato di diritto, ma distruggendo i loro uffici e le loro case, picchiandoli e uccidendoli. Nel 1922 arrivano persino a marciare su Roma, per minacciare il Governo. Il re, invece di farli arrestare per queste violenze illegali, nomina Mussolini Primo ministro, cioè lo mette a capo del Governo. I fascisti sembravano gli unici capaci di fermare le lotte degli operai e dei contadini e questo dava molta sicurezza ai borghesi, sia i grandi imprenditori, sia i piccoli e medi proprietari.

Mussolini prometteva ordine, efficienza e pace tra le classi sociali e voleva fare tornare l'Italia un grande impero come era al tempo dei romani. Per riuscirci, diceva, aveva bisogno di governare in tutta libertà, senza essere limitato dalle leggi, dalla Costituzione, dai partiti politici: voleva che ci fosse un partito unico, quello fascista, e un solo capo, cioè lui, che si faceva chiamare Duce, come al tempo dei romani. Insomma, Mussolini voleva distruggere lo stato liberale (o di diritto) e costituire uno stato assoluto,

Violenze dei fascisti a Roma

dove tutto il potere è nelle mani di una sola persona. In teoria in Italia c'era ancora il re, che rimaneva il capo dello Stato: per 20 anni però ha lasciato Mussolini libero di fare tutto quello che voleva e solo nel 1943 gli ha tolto il potere. In quei 20 anni i fascisti hanno arrestato, torturato e ucciso molte persone che non erano d'accordo con loro, come Antonio Gramsci e Giacomo Matteotti; molte altre sono dovute fuggire all'estero.

Lo stato totalitario

In uno **Stato assoluto** i cittadini non sono liberi di scegliere i loro governanti o di criticarli; i governanti non devono obbedire alle leggi, ma sono liberi di fare ciò che vogliono. Il fascismo era però più di questo: era uno **Stato totalitario**. Nello Stato totalitario non solo è proibito criticare chi comanda, ma il governo vuole far pensare e vivere tutti allo stesso modo: il controllo sulle persone è quindi 'totale'. Esiste un solo partito, un solo capo, e tutti devono obbedire, altrimenti vengono arrestati o devono cambiare Paese. I mezzi di comunicazione, come i giornali e la radio, non danno informazioni libere, ma fanno propaganda, cioè danno solo le notizie che fanno comodo al governo. Altri esempi di stato totalitario sono stati la Germania nazista sotto Hitler e l'URSS comunista sotto Stalin.

La vita quotidiana durante il fascismo

Per realizzare il suo progetto di stato totalitario, Mussolini cercava di educare gli italiani a pensare tutti allo stesso modo. Ad esempio, alla scuola elementare bisognava usare tutti gli stessi libri, fare le stesse cose e coltivare valori e ideali fascisti, come l'eroismo, l'obbedienza, la disciplina, l'amore per la Patria. I giovani erano educati molto presto a questi ideali: si vestivano da piccoli militari, si addestravano a marciare e a combattere, facevano prove di coraggio come saltare in un cerchio di fuoco o sopra una fila di fucili con le baionette.

Questi ideali erano ripetuti mille volte nei manifesti, nei monumenti, nei giornali, alla radio: da tutte le parti si ricordava agli italiani che erano

Un bambino vestito da piccolo fascista

ieri e oggi

Nel 1931 il Governo fascista pubblica le Direttive per la stampa, cioè delle regole che tutti i giornalisti dovevano rispettare. Come si vede, il fascismo controllava tutto, dal tipo di notizie da dare al modo di rappresentare le donne.

- *Il giornale deve essere organo di propaganda dell'italianità e del Regime. Valorizzare le nuove opere italiane. Riprodurre in quadro le idee salienti espresse dal Duce nei discorsi più recenti. [...]*
- *Improntare il giornale a ottimismo, fiducia e sicurezza nell'avvenire. Eliminare le notizie allarmistiche, pessimistiche, catastrofiche e deprimenti. [...]*
- *La donna fascista deve essere fisicamente sana, per poter diventare madre di figli sani, secondo le 'regole di vita' indicate dal Duce nel memorabile discorso ai medici. Vanno quindi assolutamente eliminati i disegni di figure femminili artificiosamente dimagrate e mascolinizzate, che rappresentano il tipo di donna sterile. [...]*
- *Non pubblicare articoli, poesie o titoli in dialetto. L'incoraggiamento alla letteratura dialettale è in contrasto con le direttive spirituali e politiche del Regime, rigidamente unitarie.*

Ancora oggi in molti Stati i mezzi di comunicazione non sono liberi, ma devono obbedire ai poteri politici o economici. Questo non significa automaticamente che lo Stato sia totalitario, ma che non c'è una completa libertà e indipendenza dei mezzi di comunicazione. Secondo *Reporters sans frontières*, un'associazione internazionale di giornalisti, nel 2010 l'Italia era al 50mo posto al mondo per la libertà di informazione, cioè c'erano 50 Paesi dove i mezzi di comunicazione sono più liberi.

un popolo potente, discendente dagli antichi romani. I mezzi di informazione dovevano trasmettere solo ottimismo, la sensazione che tutto andava bene, anzi sempre meglio: alla radio e sui giornali si parlava solo di buone notizie o di cose divertenti, al cinema si facevano vedere documentari che mostravano i grandi successi del fascismo e poi film allegri, sentimentali o storici. I giornalisti non erano liberi di dire quello che volevano: ricevevano delle "veline", cioè degli ordini che li obbligavano a scrivere solo certe cose ed evitarne altre.

Gli ideali fascisti erano contraddittori: da una parte si voleva indicare un tipo di società tradizionale, agricola, semplice, con i vecchi valori di una volta; dall'altra, si esaltavano la modernità, le automobili, i treni, le industrie, le armi. L'altro grande ideale fascista era quello dell'identità nazionale, cioè il nazionalismo: gli italiani dovevano essere orgogliosi di essere italiani e dovevano sentirsi superiori a tutti gli altri. Questa superiorità voleva dire anche essere numerosi: perciò si davano prestiti e premi alle famiglie con molti figli e si punivano invece quelli che non si sposavano, facendogli pagare tasse più alte.

Gli ideali fascisti di superiorità nazionale si manifestavano anche nella lingua. Il regime voleva che gli italiani usassero solo parole italiane e non quelle prese da altri popoli, per mantenere la purezza della lingua italiana. Dunque negli anni del fascismo non si poteva più dire *goal* ma bisognava dire *rete*, non più *cocktail* ma *arlecchino*, non più *menu* ma *lista* e si discuteva su come tradurre *bar*: *barro, barra, taverna, taberna potoria, quisibeve,*

4ª MOSTRA DELL'ARTE DELLA CUCINA
E DEI PRODOTTI DELL'ALIMENTAZIONE

ITALIANI !

Una volta si diceva:	Ed ora si deve dire:
Consommé	Brodo ristretto
Julienne	Zuppa di legumi minuti
St. Germain	Zuppa di piselli stacciati
Parmentier	Zuppa di patate stacciate
Santé	Zuppa di legumi
Omelette	Frittata avvolta
Omelette fines herbes	Frittata avvolta con prezzemolo
Purée di patate	Patate stacciate
Croquettes di …	Polettine di …
Mousse di fegato d'oca	Spuma di fegato d'oca
Pollo in aspic	Pollo in gelatina
Carrè di vitello	Lombata di vitello
Entrecôte	Braciola di lombo
Rumpsteak	Braciola di costata
Roastbeef	Lombo di bue
Tournedos	Medaglioni di filetto di bue
Châteaubriand	Doppio trancio di filetto di bue
Beefsteak	Trancio di filetto di bue
Goulasch	Spezzatino di Manzo con paprica
Gigot di …	Cosciotto di …
Vol-au-vent	Sfogliatine di …
… in salmì	… infuso di vino
Noisettes di vitello	Nocettine di vitello
Würsten	Salsicciotti affumicati
Flan	Sformato
Crème caramelle	Crema caramellata
Pudding	Bodino
Soufflé	Gonfiato
Crêpes	Frittelle dolci
Beignets di …	Frittelle di …
Chantilly	Panna montata
Marrons glacés	Castagne candite

liquoreria o *bettolino*? In questi anni era anche vietato il *lei* come forma di cortesia (perché di origine spagnola), che doveva essere sostituito dal *voi*, che si trova nell'italiano antico e in molti dialetti.

Anche se il regime voleva vedere tutti orgogliosi e felici, in realtà la situazione non era tanto allegra. Per favorire i grandi imprenditori, si tenevano bassi i salari degli operai e degli impiegati. Si promettevano ai contadini poveri nuove terre nelle bonifiche, cioè zone dove prima c'erano acqua e paludi, ma in realtà queste zone erano scarse e spesso rimanevano poco fertili anche dopo essere state bonificate. Insomma, negli anni '20 e '30 l'Italia fa dei piccoli passi avanti, ma rimane comunque indietro rispetto ad altri Stati europei come Germania, Francia e Inghilterra. Nel 1938 i salari italiani avevano un potere di acquisto (cioè le cose che si possono comprare) più basso che nel 1913, e valevano la metà di quelli francesi, un terzo di quelli inglesi e un quarto di quelli statunitensi.

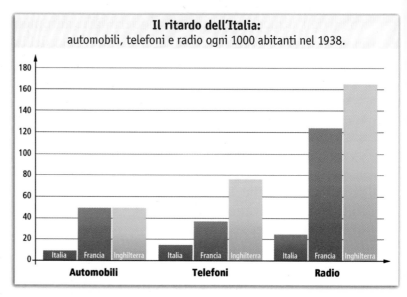

Il ritardo dell'Italia:
automobili, telefoni e radio ogni 1000 abitanti nel 1938.

Nonostante questa generale povertà, Mussolini voleva dimostrare che l'Italia era una grande potenza e nel 1936 decide di conquistare una nuova colonia, l'Etiopia. Questa però era uno Stato indipendente e le regole del diritto internazionale dicono che non si può attaccare uno Stato senza un motivo. In teoria le altre nazioni avrebbero dovuto punire l'Italia per questo attacco ingiustificato, ma in realtà restano a guardare. Solo l'Inghilterra per qualche tempo cerca di boicottare l'Italia, cioè cerca di impedire agli italiani di comprare le sue merci e quelle di altri Stati. Mussolini allora risponde *Ce la facciamo da soli!* e comincia a far produrre in Italia quello che prima si importava dall'estero: la gomma, le fibre sintetiche, il grano. Un grande atto d'orgoglio, ma un altro impoverimento per l'economia italiana.

Nel 1936 l'Italia riesce a conquistare l'Etiopia e questo porta Mussolini al massimo della sua popolarità: ora anche l'Italia può dire di essere un impero, il re diventa imperatore, gli italiani si sentono un popolo forte e potente. Per continuare questa politica militare, Mussolini decide nel 1936 di partecipare alla guerra civile spagnola, alleandosi con la Germania nazista. I militari spagnoli di destra, sostenuti da nazisti e fascisti, combattevano contro i cittadini spagnoli che volevano la libertà e la democrazia. Alla fine vincono le forze di destra e questo convince sempre più Mussolini dei vantaggi che derivano dall'alleanza con la Germania.

In Germania dal 1933 si era infatti formata un'altra forma di stato totalitario, il nazismo, con a capo Adolf Hitler. Hitler si era ispirato molto al fascismo: aveva preso da Mussolini il modo di salutare "romano" (cioè con il braccio alzato), la propaganda sull'orgoglio nazionale, la creazione di squadre speciali di uomini armati che obbediscono solo al loro capo e non alle leggi dello Stato. Una delle caratteristiche principali del nazismo, che il fascismo non aveva, era l'odio verso gli ebrei: Hitler aveva dato agli ebrei la colpa della grande crisi in cui era caduta la Germania dopo la Prima guerra mondiale e molti tedeschi lo avevano seguito credendo a questa storia.

Per avvicinarsi sempre di più alla Germania, nel 1938 anche l'Italia approva leggi contro gli ebrei e per la difesa della "razza italiana". Gli ebrei non potevano più insegnare o andare all'università, non potevano avere impieghi pubblici, dirigere banche o grandi aziende e non potevano sposarsi con non ebrei. Negli anni seguenti molti ebrei italiani verranno portati a morire nei campi di concentramento nazisti.

Le leggi contro gli ebrei spiegate in un giornale fascista

La seconda guerra mondiale

L'alleanza tra Italia e Germania diventava dunque sempre più stretta, ma non era più Hitler a imitare Mussolini, ma Mussolini che voleva seguire Hitler in tutto. Nel 1939 Hitler inizia a conquistare vari stati europei: Polonia, Danimarca e Norvegia. Mussolini, per non sembrare da meno, invade l'Albania, che si arrende senza combattere. Nel 1940 Hitler conquista Francia, Olanda e Belgio; Mussolini prova ad attaccare la Grecia.

Ma qui si vede subito la grande differenza tra l'esercito italiano e quello tedesco. I tedeschi avevano molti carri armati e aerei modernissimi, soldati bene armati, generali intelligenti e preparati a combattere una guerra moderna. Gli italiani invece avevano pochi carri armati e costruiti male, pochi aerei, soldati con ancora le armi della prima guerra mondiale e generali all'antica che litigavano spesso tra loro. E infatti l'esercito italiano non riesce a conquistare la Grecia e ha bisogno di chiedere aiuto ai tedeschi. Anche in Africa le cose vanno male. Gli italiani speravano di occupare qualche colonia francese, come la Tunisia e l'Algeria, per allargare il loro impero. Invece, gli inglesi attaccano la Libia e gli italiani riescono difendersi solo perché i tedeschi vengono ad aiutarli. Ancora peggio vanno le cose in Etiopia: la nuova colonia viene subito invasa dagli inglesi, che occupano anche le vecchie colonie dell'Eritrea e della Somalia. Dopo pochi anni, l'"impero" italiano è quasi completamente sparito.

Insomma, Mussolini sperava di vincere la guerra rapidamente, insieme con i potenti alleati tedeschi, ma le cose si complicavano. Diventano ancora più complicate quando Hitler decide di invadere la Russia nel 1941. L'Italia partecipa a questa impresa, ma i russi si difendono bene, così che italiani e tedeschi devono fermarsi prima di arrivare a Mosca. I russi erano abituati a combattere nel grande freddo delle loro terre, gli italiani e i tedeschi no. Gli italiani, come al solito, sono quelli che stanno peggio: hanno armi vecchie, veicoli che non funzionano, persino le scarpe e i vestiti sono da poveracci, e lasciano passare il freddo e l'acqua.

I carrarmati italiani pesavano 7 tonnellate, quelli russi 28

Molti italiani muoiono congelati o perdono le dita delle mani e dei piedi per il troppo freddo.

Alla fine del 1941 entrano in guerra anche gli Stati Uniti e nel 1942 le cose cominciano ad andare veramente male per Italia e Germania. I russi attaccano i tedeschi, che devono tornare verso la Germania. In Africa gli inglesi conquistano l'ultima colonia italiana, la Libia. Nel 1943 inglesi e americani (che vengono detti "alleati") sbarcano in Sicilia e cominciano a conquistare il Sud Italia.

Nel 1943 il re d'Italia vede che ormai Mussolini ha perso la guerra: decide di abbandonarlo e lo fa arrestare. Poi il re e il nuovo governo si rifugiano nell'Italia meridionale, sotto la protezione di inglesi e americani. I tedeschi capiscono che gli italiani non sono più dalla loro parte, ma stanno con i nemici, e quindi cominciano a trattarli come nemici. I soldati italiani sono arrestati e portati nei campi di concentramento in Germania, e tutto il Centro-Nord diventa un territorio occupato dai tedeschi. I tedeschi riescono anche a liberare Mussolini e lo fanno diventare il capo di questo territorio, dove però in realtà comandano loro.

Per gli italiani questi sono gli anni più brutti. Chi stava al Sud, nelle regioni liberate subito dagli alleati, ha sofferto di meno. Gli abitanti di Roma e dell'Italia centrale sono rimasti sotto i tedeschi per tredici mesi, dal settembre 1943 a ottobre 1944. Quelli dell'Italia del Nord invece sono stati liberati solo il 25 aprile 1945, dopo 20 mesi di grandi sofferenze. In questi 20 mesi, infatti, il Nord Italia era

L'avanzata delle truppe alleate in Italia, 1943-45

MAR ADRIATICO
MAR TIRRENO

Ottobre 1943
Giugno 1944
Ottobre 1944
Aprile 1945

controllato dai tedeschi e dai fascisti. Tutti gli uomini erano obbligati a combattere con loro, altrimenti venivano uccisi o portati nei campi di concentramento. Le città erano bombardate sempre più spesso dagli aerei anglo-americani: chi poteva scappava in campagna; gli altri dovevano rimanere sotto le bombe.

Città bombardata

Durante la Seconda guerra mondiale, e soprattutto dopo il 1943, gli inglesi e gli americani hanno bombardato molte volte le città italiane: questo serviva per distruggere le industrie, le strade, le ferrovie, ma anche per uccidere molte persone, per convincere gli italiani che non erano al sicuro finché rimaneva il fascismo. La seconda guerra mondiale è infatti diversa da tutte le altre, perché per la prima volta muoiono milioni di civili, cioè uomini, donne e bambini che non stavano combattendo al fronte, ma erano uccisi nelle loro case. Durante i bombardamenti aerei le persone scendevano nelle cantine, dove avevano costruito dei rifugi. Sulle finestre si attaccavano strisce di carta, perché quando le bombe rompevano i vetri questi non finissero in mille pezzi per tutta la casa. Inoltre, la carta serviva per non far vedere le luci della città agli aerei nemici: chi faceva passare la luce dalla finestra di notte poteva essere anche arrestato.

La fame durante la Seconda guerra mondiale

Una insegnante di una scuola media di Firenze racconta: «*Molte delle ragazze della scuola che dirigo stanno bene perché di famiglie ricche o perchè hanno parenti in campagna. Ma le altre soffrono più o meno la fame. Sono sempre più frequenti i casi di ragazze che si sentono male. Io stessa mi sento molto debole, salgo al secondo piano della scuola solo quando vi è assoluta necessità. Prima lo facevo anche venti volte al giorno*»…
La commessa di un forno a Bologna: «*Nei forni vengono continuamente le donne a piangere perché non sanno cosa dare ai bambini. Il deperimento degli operai e specialmente delle donne è visibile. Molti soffrono la fame nel senso più completo della parola per dar da mangiare ai bambini*»…*In generale le persone ricchissime, nonché proprietari, affittuari eccetera, mangiano anche troppo bene. Tutti gli altri sono denutriti. Gli operai non comperano più nulla all'infuori del cibo*».
Un usciere-capo di un ufficio pubblico di Firenze: «*io personalmente soffro la fame. Sono diminuito di 13 chili nell'ultimo anno; mia moglie di dieci. Ai figli (nove e quattordici anni) manca soprattutto pane, latte, uova. Il mio bambino di quattordici anni era abituato a mangiare molto. Ora si è abituato a pasti ridotti e appena mangia di più sta male.*

Miriam Mafai, *Pane Nero*, Mondadori, 1987

I prezzi erano aumentati molto, mentre i salari rimanevano bassi. Gli uomini erano mandati a combattere e quindi restavano a lavorare quasi solo le donne e gli anziani. Tutte le risorse del Paese servivano per l'esercito, così la popolazione era diventata poverissima, specialmente nelle città. Già nel 1942 circa 2 milioni e mezzo di famiglie avevano veramente fame e altrettante mangiavano poco, cioè circa 10 milioni di italiani non avevano abbastanza da mangiare. Chi abitava in campagna stava un po' meglio, perché la guerra non colpiva tanto l'agricoltura.

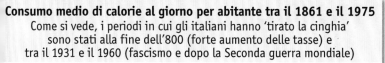

Consumo medio di calorie al giorno per abitante tra il 1861 e il 1975
Come si vede, i periodi in cui gli italiani hanno 'tirato la cinghia' sono stati alla fine dell'800 (forte aumento delle tasse) e tra il 1931 e il 1960 (fascismo e dopo la Seconda guerra mondiale)

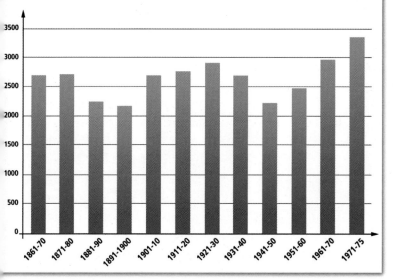

Alcuni italiani che volevano combattere il nazi-fascismo si nascondevano sulle montagne e si facevano chiamare partigiani. Non avevano aerei o carri armati, ma solo pochi fucili e mitragliatrici. Combattevano una guerriglia fatta di brevi attacchi, oppure facevano scoppiare ponti e strade per rendere la vita più difficile ai nazi-fascisti. Però questi poi si vendicavano in modo terribile, uccidendo i civili, cioè donne, bambini, vecchi o uomini che non potevano combattere. A Roma, ad esempio, i partigiani avevano ucciso 33 soldati tedeschi: per vendetta i tedeschi uccidono 335 prigionieri del carcere. A Marzabotto, vicino a Bologna, i partigiani avevano attaccato treni e caserme: i tedeschi rispondono uccidendo quasi mille persone, tra cui 216 bambini, 316 donne, 142 anziani.

Nell'aprile 1945 gli alleati e i partigiani liberano il Nord Italia; in maggio si arrende la Germania e in agosto il Giappone, dopo le bombe atomiche su Hiroshima e Nagasaki. La guerra è finita. In tutto il mondo sono morte 50 milioni di persone: di queste quasi 35 milioni erano civili.

L'Italia dopo la Seconda guerra mondiale

La situazione politica

Finita la guerra, finito il fascismo, bisognava ricostruire un nuovo Stato. Prima di tutto, nel giugno 1946, gli italiani devono decidere se diventare una repubblica democratica (cioè dove comanda solo il popolo) oppure rimanere una monarchia con a capo i Savoia. Questa decisione viene presa attraverso un referendum, cioè una votazione in cui tutti i cittadini possono dire cosa vogliono: per la prima volta in Italia possono votare anche le donne. La maggioranza dei votanti (54%) sceglie la repubblica, il 46% la monarchia. Da allora

in Italia il 2 giugno si festeggia la nascita della Repubblica. Sembra incredibile che così tanti italiani volessero ancora i Savoia, dopo che essi avevano appoggiato il fascismo per 20 anni, portando l'Italia in una guerra disastrosa a fianco della Germania nazista. La maggior parte dei voti a favore della monarchia era al Sud, dove le persone avevano sofferto meno durante la guerra ed erano state governate dai Savoia e dagli alleati anglo-americani nel periodo 1943-45.

Gli italiani decidono anche quali partiti scriveranno la nuova Costituzione: il 35% sceglie la Democrazia cristiana, il 20% i socialisti, il 19% i comunisti, il restante 25% va ai liberali e altri partiti minori. Dunque la Costituzione italiana nasce da un grande sforzo di compromesso tra le visioni cristiana, socialista, comunista e liberale. Il 1° gennaio 1948 la Costituzione diventa ufficialmente la legge fondamentale dello Stato italiano. Questi sono i suoi principi di base: lo Stato è democratico, cioè tutto il potere è del popolo, che elegge i suoi rappresentanti al Parlamento; le persone sono libere di esprimere le loro idee, di fare politica, di formare associazioni e sindacati; i cittadini sono uguali davanti alla legge, uomini e donne, ricchi e poveri, di qualsiasi razza o religione.

Dopo avere approvato la Costituzione, si vota per eleggere il Parlamento, cioè i rappresentanti dei cittadini che scrivono le leggi e prendono le decisioni più importanti. Nel periodo tra il 1948 e il 1960 il partito con il maggior numero di voti è stata la Democrazia Cristiana (DC), che in pratica ha governato l'Italia da sola. Dal 1960 in poi i socialisti si avvicinano sempre più alla Democrazia Cristiana e nel 1963 iniziano a governare insieme (continueranno a governare insieme quasi sempre fino al 1994): si parla di centro-sinistra, perché un partito di centro come la DC si allea a un partito di sinistra come i socialisti. I comunisti rimangono invece quasi sempre all'opposizione, insieme ad altri partiti minori.

Gli italiani continuano a emigrare

Negli anni dopo la Seconda Guerra mondiale l'Italia era un Paese molto povero. Per molti italiani, specialmente del Sud, la soluzione per migliorare le proprie condizioni di vita era sempre la stessa: emigrare all'estero. In questo periodo però la maggioranza degli emigranti si dirige verso Paesi europei, come Francia, Belgio, Germania e Svizzera. Molti di loro entravano in questi Paesi come clandestini, ad esempio attraversando le Alpi di notte su piccoli sentieri nascosti tra le montagne.

In alcuni casi lo Stato italiano firmava degli accordi di scambio con i Paesi di immigrazione. Ad esempio, nel 1946 Italia e Belgio si mettono d'accordo per uno scambio di questo tipo: l'Italia avrebbe mandato in Belgio un gran numero di operai a lavorare nelle miniere di carbone, mentre il Belgio si impegnava a fornire il carbone all'Italia per fare ripartire le industrie. Gli operai erano dunque trattati come una merce di scambio: vivevano in baracche, lavoravano nelle miniere molte ore al giorno e in condizioni di fatica e pericolo.

Marcinelle: una tragedia per i minatori italiani

Nel 1956, 262 minatori, di cui 139 italiani, muoiono nell'esplosione di una miniera a Marcinelle, in Belgio. Le gallerie erano molto profonde ed è stato difficilissimo portare i soccorsi. Seguiamo il racconto di un componente delle squadre di salvataggio, impegnato a raggiungere la galleria più profonda, 1035 metri sotto terra.

«Fu un colpo terribile per noi, specialmente dopo che un messaggio trovato scritto su un pezzo di legno "Siamo una cinquantina fuggiamo verso Ca Pom" (il nome di un cantiere aperto da poco) ci aveva fatto sperare di trovare i nostri compagni sani e salvi... I primi giorni è stato pesantissimo, avevo il cuore che voleva scoppiare, prima per la paura poi per il dolore. Si scendeva ma non si sapeva se si tornava su... Non dimenticherò mai quei giorni . Mai. Anche adesso quando ne parlo vedo tutte queste immagini che mi ripassano davanti agli occhi come in un film. Mi ricordo di quel ragazzetto di quindici anni, tanto ricciuto, che abbiamo trovato dietro una porta morto, ma solo dopo vari giorni. Era abbracciato a un altro minatore, anche lui morto. Se lo trovavamo prima chissà se si poteva salvare... Quando si trovava un mucchio di morti, si infilavano nei sacchi e poi si mettevano nella gabbia per riportarli in superficie, gli uni sugli altri. Ma purtroppo di vivi ne abbiamo trovati pochi. Il nostro gruppo ne ha trovati solo tre. L'altra squadra altri tre e questo è tutto.»

I lavoratori italiani si trasferivano anche in altri Paesi. Nel 1963, su 800.000 stranieri che vivevano nella Germania dell'Ovest, 297.000 erano italiani, 114.000 spagnoli, 103.000 greci e 26.000 turchi. La maggior parte lavorava nell'edilizia (37%) e nelle fabbriche (25%). Provenivano quasi tutti dal Sud Italia: per esempio nel paese di Castelluccio in provincia di Foggia, su 4.000 abitanti, 2.000 erano emigrati in Germania. Uno di loro, Donato, che lavorava alla Volkswagen e viveva in una baracca con altri 25 italiani, racconta: *"Ho quattro figli, una moglie e un padre da mantenere. Qui al paese la terra mi rendeva al massimo 120.000 lire nette all'anno... Adesso incasso 96.000 lire nette al mese. Ne invio 60.000 in Italia e il resto lo tengo per me... Il lavoro è di 13 ore... Sono stato bene accolto nella fabbrica... Viviamo sempre fra noi senza divertimenti e la sera dopo il lavoro usciamo a passeggio."*

Gli emigrati dunque lavoravano duro, guadagnavano meglio che a casa, ma non riuscivano a inserirsi facilmente nelle società che li ospitavano: molti si sentivano soli, esclusi e anche vittime del razzismo. In certi parchi pubblici in Svizzera si potevano leggere scritte come "Ingresso vietato ai cani e agli italiani".

In quegli anni gli abitanti del Sud Italia emigrano anche verso l'Italia settentrionale, dove c'erano più fabbriche e si poteva trovare lavoro. Si calcola che, fra il 1955 e il 1971, 9.140.000 italiani si siano trasferiti da una regione italiana ad altre, in particolare dal Sud verso il cosiddetto "triangolo industriale", cioè la zona tra Milano, Torino e Genova. In questo modo le industrie del Nord potevano produrre a costi molto vantaggiosi, perché gli

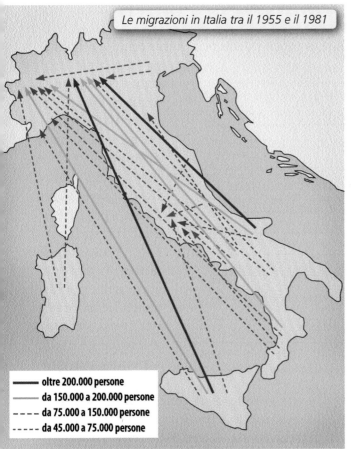

Le migrazioni in Italia tra il 1955 e il 1981

— oltre 200.000 persone
— da 150.000 a 200.000 persone
- - - da 75.000 a 150.000 persone
- - - - da 45.000 a 75.000 persone

operai meridionali erano tanti e si accontentavano di paghe basse. Anche per loro è stato molto difficile integrarsi: vivevano in zone periferiche, dove mancavano case, scuole, trasporti, servizi sanitari. Gli abitanti del Nord avevano una profonda diffidenza verso questa gente che veniva da una società prevalentemente agricola e perciò era considerata meno sviluppata: erano chiamati, in modo offensivo, "terroni", per indicare che venivano da una parte dell'Italia dove l'attività principale era quella di lavorare la terra.

La vita quotidiana dal Dopoguerra al Miracolo economico

Negli anni dopo la Seconda guerra mondiale l'Italia era un paese povero e arretrato. L'attività principale rimaneva l'agricoltura, le industrie erano poche e alcune erano state distrutte durante la guerra. Solo la metà delle case avevano l'acqua corrente, solo un quarto il bagno privato e solo il 7% il telefono.

Durante la guerra i prezzi erano cresciuti di 18 volte e quindi il denaro risparmiato non valeva più nulla. Gli stipendi erano aumentati, ma non tanto quanto i prezzi e quindi valevano la metà: in pratica nel 1945 un operaio con la sua paga si poteva comprare la metà delle cose che riusciva a comprare nel 1939. Con quello stipendio si riusciva appena ad acquistare il cibo e a pagare l'affitto, la luce e il carbone per scaldare la casa: non rimaneva quasi niente per vestiti, scarpe, giocattoli, non parliamo poi di comprare un'auto o andare in vacanza.

La situazione economica e la qualità della vita cominciano a migliorare alla fine degli anni '50, quando inizia il cosiddetto miracolo economico, o *boom*. Si parla di miracolo perché in pochi anni l'Italia diventa un Paese più ricco, con un'industria forte e un grande aumento dei consumi della popolazione. Le fabbriche del Nord riescono a crescere molto rapidamente, grazie ai salari più

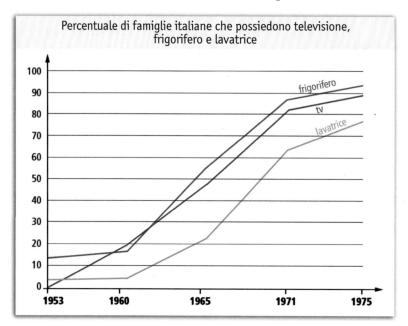

Percentuale di famiglie italiane che possiedono televisione, frigorifero e lavatrice

bassi rispetto al resto d'Europa e alla grande disponibilità di manodopera che proviene dalle regioni del Sud. Si iniziano a produrre molti beni di consumo, come lavatrici, frigoriferi, televisioni, e mezzi di trasporto, come motociclette e automobili. Nel 1967 l'Italia era il maggior produttore europeo di lavatrici e lavastoviglie e il terzo produttore al mondo di frigoriferi.

Negli anni tra il 1950 e il 1970, gli italiani diventano anche un po' più ricchi: se il reddito medio per persona era 100 nel 1952, nel 1970 era diventato 234. Con la nuova ricchezza diventa possibile compare più beni di consumo, tante cose che magari non sono importanti finché non comprendi che le puoi avere, anche in una certa quantità. Nelle case degli italiani iniziano a entrare molti elettrodomestici, ma è anche possibile comprare più vestiti, calze (ora di fibre sintetiche come il nylon), scarpe, giocattoli, accessori per la casa. Nel 1954 iniziano le trasmissioni della televisione italiana, la RAI, e già nel

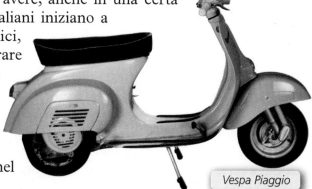

Vespa Piaggio

1965 la metà delle famiglie italiane possiede un televisore.

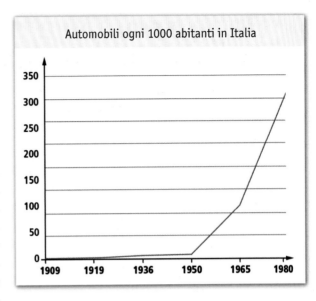

Automobili ogni 1000 abitanti in Italia

Cresce rapidamente anche il numero di auto e moto in circolazione. Tra il 1900 e il 1950 avere un'auto era un lusso solo per pochi, nemmeno un italiano su cento; dalla fine degli anni '50 l'auto diventa invece un oggetto sempre più alla portata di tutti. La Fiat produce milioni di auto economiche, come la 500 e la 600, mentre altre marche come Lancia e Alfa Romeo si specializzano in auto sportive e lussuose. Chi non può permettersi l'automobile si compra una motocicletta: nascono la Vespa e la Lambretta, moto economiche prodotte in massa, su cui spesso viaggiava l'intera famiglia. Questi prodotti italiani cominciano a farsi conoscere nel mondo non solo perché costano poco, ma anche perché hanno un bel design: la linea della 500 è inconfondibile, come quelle della Vespa o della Lambretta. Altri prodotti italiani di questi anni che diventano famosi in tutto il mondo sono la macchina da scrivere Olivetti Lettera 22, la televisione Brionvega di Marco Zanuso, le lampade dei fratelli Castiglioni, la macchina da caffè Pitagora della Cimbali e le stesse automobili dell'Alfa Romeo e della Lancia, veri modelli di stile e di bellezza.

Insomma, in questi anni gli italiani iniziano a spendere non solo per le cose indispensabili per vivere, ma anche per il piacere, la comodità e il divertimento. Sempre più persone vanno in vacanza o al ristorante, nel fine settimana molti prendono la macchina o la moto e vanno ai laghi, al mare, in montagna, in campagna. I cinema sono sempre pieni e in questi anni escono film italiani famosi: drammatici, come quelli di Fellini (*La dolce vita*) o di Visconti (*Rocco e i suoi fratelli, Il Gattopardo*), o commedie come quelle di Dino Risi (*I mostri, Il vedovo*) e Mario Monicelli (*I soliti ignoti, La grande guerra*) o i film di Totò.

Dagli anni '70 a oggi

Gli anni '70

Negli anni '70 l'Italia continua a cambiare sotto molti aspetti e a diventare sempre più un Paese moderno. Il benessere continua a crescere, anche se meno rapidamente che negli anni '60 e con qualche momento di crisi: insomma, in questi anni c'è stata una crescita generale del tenore di vita, ma non si parlava più di "miracolo".

In questo periodo vengono anche approvate alcune leggi importanti.

Nel 1970 viene introdotto lo Statuto dei lavoratori, un insieme di norme che danno maggiori garanzie ai lavoratori, ad esempio regole sull'orario di lavoro o la libertà di svolgere attività sindacali.

Nel 1970, esce una legge che permette alle coppie sposate di divorziare legalmente. La Chiesa cattolica si oppone fortemente, ma, dopo una lunga battaglia politica e sociale, la legge viene approvata nel 1974 con un referendum in cui la maggior parte degli italiani si dichiara favorevole.

Nel 1970 iniziano a funzionare le Regioni, cioè delle amministrazioni che riguardano un territorio e sono in parte indipendenti dal governo nazionale. Mentre il governo centrale rimane sempre alla Democrazia cristiana e i suoi alleati, alcune Regioni saranno governate dal Partito comunista e da altri partiti di sinistra.

Nel 1975 viene approvato il nuovo diritto di famiglia: ora l'uomo non è più il "capo" della famiglia, ma marito e moglie sono completamente uguali di fronte alla legge per quanto riguarda i loro rapporti e l'educazione dei figli.

Nel 1978, con un altro referendum e sempre contro il parere della Chiesa, viene approvata una legge che permette alle donne di abortire negli ospedali pubblici e in determinate condizioni. Prima di questa legge le donne che non volevano avere figli abortivano lo stesso, ma di nascosto e contro la legge: questo significava che spesso gli aborti avvenivano senza assistenza medica e in condizioni poco igieniche, per cui molte donne morivano.

Queste riforme però avvengono in un clima di tensioni e forti scontri. Nel

Studenti del '68

1969 gli operai, specie nelle fabbriche del Nord, iniziano a scioperare in maniera forte e continua, certe volte anche smettendo improvvisamente di lavorare (sciopero selvaggio), per ottenere maggiori diritti: paghe migliori, ritmi di lavoro meno intensi, migliori condizioni di salute e sicurezza. Nel 1968 inizia anche una grande protesta degli studenti (il "Sessantotto"), che vogliono cambiare non solo la scuola e l'università, ma anche tutta la società: non sono soddisfatti dei partiti politici, anche quelli di sinistra, e chiedono cambiamenti radicali nei rapporti tra le persone e tra i cittadini e lo Stato.

In questo periodo di forti contestazioni alcuni gruppi di terroristi di destra (probabilmente con l'appoggio dei servizi segreti) compiono delle stragi in luoghi pubblici: nel 1969 una bomba in Piazza Fontana a Milano uccide 17 persone e ne ferisce 100; nel 1974 altre bombe esplodono a Brescia e sul treno Italicus, provocando decine di morti e feriti; nel 1980, 85 persone sono uccise e 200 ferite da una bomba alla stazione di Bologna.

La strage alla stazione di Bologna

Questi attentati, in un periodo di forte crisi economica, fanno temere che possa cadere lo Stato democratico, cioè che i gruppi di destra possano prendere il potere con la forza come durante il fascismo: è per questo che il Partito comunista a metà degli anni '70 decide di sostenere i governi della Democrazia cristiana, per difendere l'unità nazionale.

Aldo Moro, Presidente della DC rapito e ucciso dalle Brigate Rosse

Nel 1976 iniziano gli attentati dei terroristi di sinistra, come le Brigate Rosse. Invece di mettere bombe che uccidono cittadini comuni, questi terroristi colpiscono direttamente le persone che secondo loro impediscono il cambiamento e la rivoluzione: uomini politici, poliziotti, giudici, giornalisti. Gli anni tra il 1977 e il 1980 sono detti "anni di piombo", perché sono stati pesantissimi per la società italiana, che si sentiva come in guerra. Alla fine la polizia è riuscita ad arrestare la maggior parte dei terroristi, chiudendo questo periodo doloroso. Purtroppo, però, negli anni seguenti gli attentati non sono finiti del tutto, ma ci sono state altre bombe e altre uccisioni di singoli cittadini.

Gli anni '70 sono stati difficili anche sul piano economico. Infatti, il prezzo delle materie prime, cioè quelle che servono per produrre, cresceva sempre di più: il petrolio ad esempio è aumentato di dieci volte, il che significa che costavano di più la benzina, l'elettricità, le materie plastiche. Le persone usavano meno l'automobile, le industrie andavano in crisi e molti perdevano il lavoro. Inoltre, la moneta italiana, la lira, valeva sempre meno a causa dell'inflazione, cioè un aumento costante dei prezzi. In un solo anno, il 1976, la lira perde quasi il 22% del suo potere d'acquisto: ciò significa che a dicembre del 1976 servivano 120 lire per comprare quello che a gennaio costava 100 lire.

Negli anni '70 inizia a crescere anche il debito pubblico, un problema che ancora oggi colpisce l'economia italiana. In pratica lo Stato inizia a spendere - per i servizi sociali, la sanità, l'istruzione, le pensioni o i sussidi di disoccupazione - più di quanto incassa con le tasse. Questo significa che deve fare dei debiti e poi pagare gli interessi su quei debiti, che crescono sempre di più. Oggi il debito pubblico italiano è più grande del Prodotto interno lordo, cioè il debito dello Stato italiano è più di quanto tutto il Paese produce in un anno.

Gli anni '80 e '90

Negli anni '80 il prezzo del petrolio diminuisce e l'economia mondiale riparte: anche l'Italia ricomincia a crescere e supera in parte la crisi. Però alcuni problemi economici e politici rimangono o addirittura peggiorano.

I partiti politici nati dopo la seconda guerra mondiale si erano sempre più allontanati dalla gente e i cittadini sentivano una grande difficoltà nel partecipare alla vita pubblica. Molti uomini politici arricchivano se stessi e i loro partiti attraverso il sistema delle tangenti, che è una forma di corruzione: un imprenditore versa illegalmente del denaro al politico o al suo partito, che in cambio gli fanno avere dei lavori pubblici, pagandoli molto più del necessario. Ad esempio, se per costruire una scuola servono 10 milioni di euro, il politico che governa in quel momento la paga 15 all'imprenditore disonesto, sprecando così 5 milioni di denaro pubblico; in cambio l'imprenditore versa un milione al politico o al suo partito. In questo modo i politici si arricchiscono, gli imprenditori pure, ma lo Stato italiano diventa sempre più povero e deve fare sempre più debiti.

Un'altra pratica diffusa della classe politica era, ed è, il voto di scambio o clientelismo. Il politico fa un "favore" al cittadino (ad esempio gli dà un posto di lavoro o un permesso per costruire una casa o aprire un'attività commerciale) e in cambio il cittadino gli dà il voto. In questo modo il partito politico non garantisce più i diritti di tutti secondo la legge (che dice che uno può fare certe cose se ne ha il diritto oppure se è il migliore), ma favorisce solo le persone che gli danno il voto. È una forma di clientelismo, come al tempo degli antichi romani, che significa che la politica non favorisce i migliori, nell'interesse di tutti, ma favorisce i suoi "clienti", che spesso sono anche quelli che fanno i propri interessi e danno a tutti i servizi peggiori.

Negli anni '80 queste forme di corruzione avevano raggiunto proporzioni gigantesche. All'inizio degli anni '90 si aprono dei grandi processi contro i principali partiti politici e i loro capi. Questa azione viene chiamata "mani pulite", perché vuole ripulire l'Italia dalla corruzione e da altre attività sporche. Molti politici e imprenditori, anche importanti, vengono condannati: alcuni finiscono in carcere, altri devono abbandonare la vita politica.

I principali partiti che avevano governato l'Italia, come la Democrazia Cristiana, il Partito socialista, il Partito liberale e quello Repubblicano, si sciolgono perché molti dei loro dirigenti sono condannati e gli italiani sono così scandalizzati che non vogliono più votarli. Anche il Partito comunista cambia nome, perché in quegli anni il comunismo era caduto nell'Urss e negli altri Paesi dell'Europa dell'Est.

Tutti questi eventi hanno cambiato completamente la mappa dei partiti politici che erano presenti in Italia da 50 anni e hanno fatto dire a molti che in Italia, all'inizio degli anni '90, finisce la prima fase della Repubblica e inizia una nuova fase della storia d'Italia, chiamata "seconda Repubblica".

Studiare e parlare italiano nel Novecento

All'inizio del '900 il livello di istruzione degli italiani era molto basso. La metà della popolazione era completamente analfabeta, cioè non era capace di scrivere o leggere nemmeno una frase. La maggior parte dei bambini frequentava solo pochi anni di scuola e non arrivava alla licenza elementare. Solo quattro su cento si iscrivevano alla scuola media, ancora meno alle superiori, e pochissimi andavano all'università, che era molto costosa rispetto agli stipendi di allora: un anno di tasse universitarie costava come un anno di stipendio di un operaio.

Fino al 1950 la situazione migliora ma molto lentamente: nel 1951 solo il 18% degli studenti proseguiva le scuole dopo le elementari e rimaneva un 14% di analfabeti completi nella popolazione. Inoltre, non c'era una scuola media – da 11 a 13 anni – uguale per tutti: esisteva una scuola media vera e propria, che permetteva poi di continuare a studiare alle superiori, e una scuola che dava tre anni di istruzione post-elementare, che però finiva lì e permetteva solo di andare a lavorare. Nel 1962 viene introdotto un nuovo sistema, che è quello che esiste ancora oggi: la scuola media diventa gratuita e uguale per tutti, cioè tutti, se vogliono, possono continuare a studiare alle superiori. In questi anni, con il boom economico, il numero di ragazzi che studiano alle medie, alle superiori e all'università aumenta molto.

Nel 1968 gli studenti, con la loro contestazione, chiedevano di partecipare di più alle decisioni che li riguardavano: volevano avere rappresentanti degli studenti nelle scuole superiori e all'università, e rappresentanti dei genitori nelle scuole elementari e medie. Queste richieste sono state accolte e ancora

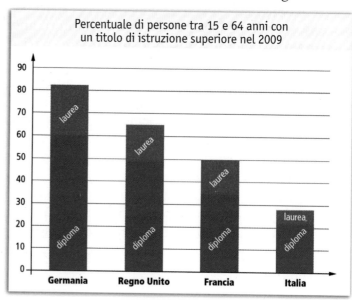

Percentuale di persone tra 15 e 64 anni con un titolo di istruzione superiore nel 2009

oggi genitori e studenti eleggono rappresentanti che partecipano alla vita della scuola e dell'università. Inoltre, prima poteva andare all'università solo chi aveva frequentato il liceo, mentre ora tutti possono iscriversi a tutte le facoltà, anche se hanno frequentato istituti tecnici o professionali. In questo modo il numero di diplomati e laureati è cresciuto molto, anche se ancora oggi rimane inferiore ad altri Paesi europei, come si vede nel grafico.

Nel corso del '900 gli italiani cominciano anche a parlare sempre più la lingua italiana. All'inizio del secolo quasi tutti avevano come lingua materna un dialetto e imparavano l'italiano più tardi, a scuola, ma spesso non arrivavano a conoscerlo veramente bene. Ancora nel 1951, solo un italiano su tre usava l'italiano spesso o abbastanza spesso, mentre due su tre lo usavano qualche volta o mai. Il numero di cittadini capaci di parlare italiano è cresciuto nel corso del '900 per molti motivi: perché sempre più bambini e ragazzi andavano a scuola, perché gli uomini durante il servizio militare dovevano usare l'italiano, perché era la lingua dell'amministrazione pubblica, ma soprattutto perché in questo secolo si diffondono i mezzi di comunicazione di massa. La radio entra in casa di molti italiani fin dagli anni '30, e negli anni '50 la ascoltavano quasi tutti. La televisione si diffonde rapidamente a partire da metà degli anni '50 e all'inizio degli anni '70 ce ne è una quasi in ogni casa. Alla radio e alla televisione si parlava una lingua facile e moderna: un modello che si poteva imitare

Mike Bongiorno

per la conversazione di tutti i giorni, diversamente dalla lingua formale della scuola o della pubblica amministrazione. Si può dire che gli italiani abbiano imparato a parlare italiano più da un conduttore televisivo come Mike Bongiorno, con i suoi spettacoli visti da milioni di spettatori, che dalla scuola. Un'altra famosa trasmissione televisiva, condotta dal maestro elementare Alberto Manzi, ha permesso

Il maestro Manzi

a tanti analfabeti, che non potevano frequentare la scuola perché erano troppo grandi oppure lavoravano, di imparare a leggere e scrivere direttamente stando a casa.

Al giorno d'oggi i rapporti tra italiano e dialetti si sono ribaltati rispetto a cento anni fa: oggi la maggioranza delle persone ha come lingua materna l'italiano, e solo una minoranza impara il dialetto da bambini. Il dialetto è ancora usato dai più anziani; però in certe regioni, specialmente in campagna e nelle città più piccole, molti giovani parlano ancora il dialetto tutti i giorni, insieme all'italiano.

Riferimenti bibliografici

capitolo 1. ROMA

Carcopino J., *La vie quotidienne à Rome à l'apogée de l'Empire*, Paris, Hachette, 1939, (trad. it *La vita quotidiana a Roma all'apogeo dell'Impero*, Roma-Bari, Laterza, 1983)

Caselli G. (a cura di), *Gli antichi romani*, Firenze, Giunti, 1993

Dupont F., *La vie quotidienne du citoyen romain sous la République*, Paris, Hachette, 1989 (trad. it. *La vita quotidiana nella Roma repubblicana*, Roma-Bari, Laterza, 1990)

Forman J., *The Romans*. London, Macdonald, 1975, (trad.it *I Romani*, Milano, Garzanti, 1976)

Giardina A. (a cura di), *L'uomo romano*, Roma-Bari, Laterza, 1989

Giardina A., Schiavone A. (a cura di), *Storia di Roma*, Torino, Einaudi, 1999

Hanoune R., Scheid J., *Nos ancêtres les Romains*, Paris, Gallimard, 1993, (trad. it. *I romani e l'eredità dell'impero*. Electa-Gallimard, 1996)

Veyne P., *L'Empire romain*, in P. Ariès e G. Duby, *Histoire de la vie privée, I*, Paris, Editions du Seuil, 1985, (trad. it. *La vita privata nell'impero romano*, Roma-Bari, Laterza, 1992)

Wacher J. (a cura di), *The Roman world*. London-New York, Routledge & Kegan Paul, 1987, (trad. it. *Il mondo di Roma imperiale*, Roma-Bari, Laterza, 1989)

capitolo 2. IL MEDIOEVO

AA.VV., *Storia d'italia, Volume secondo, tomo I*, Torino, Einaudi, 1974

AA.VV., *Storia d'italia, Volume quinto. I documenti, tomi I e II*, Torino, Einaudi, 1973

Barbero A., Frugoni C., *Medioevo*, Bari, Laterza, 1999

Bloch M., *Les rois thaumaturges*, Strasbourg, Publications de la Faculté des lettres de l'Université de Strasbourg, 1924, (trad. it. *I re taumaturghi*, Torino, Einaudi, 1973)

Bloch M., *La societé féodale*. Paris, Albin Michel, 1939, (trad. it. *La società feudale*, Torino, Einaudi, 1980)

Cherubini G., *Agricoltura e società nel Medioevo*, Firenze, Sansoni, 1972

Cherubini G., *L'Italia rurale del basso Medioevo*, Roma-Bari, Laterza, 1985

Corrao P., Gallina M., Villa C., *L'Italia mediterranea e gli incontri di civiltà*, Roma-Bari, Laterza, 2001

De Bernardi A., Guarracino S., *Storia del mondo medievale*, Milano, Bruno Mondadori, 1989

Delort R., *La vie au Moyen age*, Paris, Seuil, 1982 (trad. it *La vita quotidiana nel Medioevo*, Roma-Bari, Laterza, 1989)

Duby G., *Guerriers et paysans. VIIe-XIIIe siècles. Premier essor de l'économie européenne*, Paris, Gallimard 1973, (trad.it *L'origine dell'economia europea*, Roma-Bari, Laterza, 1992)

Fischer M., Pedrotti W., *Le città italiane nel Medioevo*, Colognola ai Colli, Demetra, 1997

Fumagalli V., *La pietra viva. Città e natura nel Medioevo*, Bologna, Il Mulino, 1988

Fumagalli V., *Uomini e paesaggi medievali*, Bologna, Il Mulino, 1989

Fumagalli V., *L'uomo e l'ambiente nel Medioevo*, Roma-Bari, Laterza, 1992

Gatto L., *Medioevo quotidiano*, Roma, Editori Riuniti, 1999

Le Goff J. (a cura di), *L'uomo medievale*, Roma-Bari, Laterza, 1987

Montanari M., *Alimentazione e cultura nel Medioevo*, Roma-Bari, Laterza, 1999

Pirenne H., *Les villes du moyen âge*, Bruxelles, Lamertin, 1927, (trad. it *Le città del medioevo*, Bari, Laterza, 1991)

Pirenne H., van Werveke H., *Histoire economique et sociale du moyen age*, Paris, Presses universitaires de France, 1963, (trad. it. *Storia economica e sociale del medioevo*, Milano, Garzanti, 1985)

Rodolfo il Glabro, *Storie*, IV 10-12

Rösener W., *I contadini nella storia d'Europa*, Roma-Bari, Laterza, 1993

capitolo 3. IL RINASCIMENTO

AA.VV., *Storia d'Italia, Volume secondo, tomo II,* Torino, Einaudi, 1974

AA.VV., *Storia d'italia, Volume quinto. I documenti, tomi I e II,* Torino, Einaudi, 1973

Ariès P., Duby G., *Histoire de la vie privée. II De l'Europe féodale à la Renaissance*, Paris, Seuil, 1985, (trad. it. *La vita privata dal Feudalesimo al Rinascimento*. Roma-Bari, Laterza)

Bertelli, Briganti, Giuliano, *Storia dell'arte italiana*, voll 2 e 3, Milano, Electa/Bruno Mondadori, 1991

Camusso L., *Guida ai viaggi nell'Europa del 1492,* Milano, Giorgio Mondadori, 1990

Gamba C. (a cura di), *Michelangelo*, Milano, Rizzoli, 2004

Garin E. (a cura di), *Il Rinascimento italiano*, Bologna, Cappelli, 1980

Garin E. (a cura di), *L'uomo del Rinascimento*, Roma-Bari, Laterza, 1988

Gombrich, E. *The Story of art* London, Phaidon, 1950, (trad. it. *La storia dell'arte raccontata da Ernst H. Gombrich*, Milano, Leonardo arte, 1999)

Heers J., *La vie quotidienne à la cour pontificale au temps des Borgia et des Médicis (1420-1520),* Paris, Hachette, 1986, (trad. it. *La vita quotidiana nella Roma pontificia ai tempi dei Borgia e dei Medici (1420-1520)*, Milano, Rizzoli, 1988)

Larivaille P., *La vie quotidienne en Italie au temps de Machiavel (Florence et Rome)*, Paris, Hachette, 1979, (trad. it. *La vita quotidiana in Italia ai tempi di Machiavelli (Firenze e Roma)*, Milano, Rizzoli, 1984)

Lucas-Dubreton J., *La vie quotidienne à Florence au temps des Médicis.* Paris, Hachette, 1958, (trad. it. *La vita quotidiana a Firenze ai tempi dei Medici*, Milano, Rizzoli, 1985)

Pieri P., *Rinascimento e la crisi militare italiana,* Torino, Einaudi, 1952

Rebora G., *La cività della forchetta*, Roma-Bari, Laterza, 1998

Reinhardt V., *Die Renaissance in Italien*, München, Beck, 2002 (Trad. it. *Il Rinascimento in Italia*, Bologna, Il Mulino, 2004)

Romano R., Tucci U. (a cura di), *Storia d'Italia. Annali 6. Economia naturale, economia monetaria,* Torino, Einaudi, 1983

Sarti R., *Vita di casa. Abitare, mangiare, vestire nell'Europa moderna*, Roma-Bari, Laterza, 1999

The online guide to traditional games, http://www.tradgames.org.uk/

capitolo 4. L'OTTOCENTO

Amato G., "Forme di stato e forme di governo", in G. Amato e A. Barbera (a cura di), *Manuale di diritto pubblico, terza edizione*, Bologna, Il Mulino, 1991

Bianciardi L., *Dàghela avanti un passo!* Milano, Bietti, 1969

Bruni F., *L'italiano. Elementi di storia della lingua e della cultura,* Torino, UTET, 1984

Capatti A., De Bernardi A., Varni A. (a cura di), *Storia d'Italia. Annali 13. L'alimentazione,*

Torino, Einaudi, 1998
Corti P., Sanfilippo M. (a cura di), *Storia d'Italia. Annali 24. Migrazioni*, Torino, Einaudi, 2009
De Mauro T., *Storia linguistica dell'Italia unita*, seconda edizione, Bari, Laterza, 1970
Firpo M., Tranfaglia N., Zunino P.G. (a cura di), *Guida all'Italia contemporanea. Vol IV: Comportamenti sociali e cultura*, Milano, Garzanti, 1998
Giardina A., Sabbatucci G., Vidotto V., *Corso di storia. Dall'Ottocento al Duemila*, Roma-Bari, Laterza, 1994
Isnenghi M. (a cura di), *I luoghi della memoria. Simboli e miti dell'Italia unita*, Roma-Bari, Laterza, 1996
Isnenghi M. (a cura di), *I luoghi della memoria. Strutture ed eventi dell'Italia unita*, Roma-Bari, Laterza, 1997
Mack Smith D., *Modern Italy. A political history*, London, Yale University Press, 1997, (trad. it. *Storia d'Italia*, Roma-Bari, Laterza, 2000)
Marchese R. et al, *Stato e società*, Firenze, La Nuova Italia, 1994
Sabbatucci G., Vidotto V. (a cura di), *Storia d'Italia. Vol 2: Il nuovo Stato e la società civile*, Bari, Laterza, 1995
Tesi R., *Storia dell'italiano. La lingua moderna e contemporanea*, Bologna, Zanichelli, 2005
Villari L., *Bella e perduta. L'italia del Risorgimento*, Roma-Bari, Laterza, 2009

capitolo 5. IL NOVECENTO

Carocci G., *Storia d'Italia dall'Unità ad oggi*, Milano, Feltrinelli, 1975
Crainz G., *Storia del miracolo italiano*, Roma, Donzelli, 1996
Crainz G., *Il Paese mancato*, Roma, Donzelli, 2003
De Luna G., D'Autilia G., Criscenti L. (a cura di), *L'Italia del Novecento. Le fotografie e la storia. Vol. II La società in posa*, Torino, Einaudi, 2006
De Mauro T., *Storia linguistica dell'Italia unita*. Seconda edizione, Bari, Laterza, 1970
Del Boca A., Legnani M., Rossi M.G. (a cura di), *Il regime fascista*, Roma-Bari, Laterza, 1995
Firpo M., Tranfaglia N., Zunino P.G. (a cura di), *Guida all'Italia contemporanea. Vol IV: Comportamenti sociali e cultura*, Milano, Garzanti, 1998
Giardina A., Sabbatucci G., Vidotto V., *Corso di storia. Dall'Ottocento al Duemila*, Roma-Bari, Laterza, 1994
Ginsborg P., *Storia d'Italia 1943-1996*, Torino, Einaudi, 1998
Isnenghi, M. (a cura di), *I luoghi della memoria. Simboli e miti dell'Italia unita*, Roma-Bari, Laterza, 1996
Isnenghi M. (a cura di), *I luoghi della memoria. Strutture ed eventi dell'Italia unita*, Roma-Bari, Laterza, 1997
Mafai M., *Pane Nero*, Milano, Mondadori, 1987
Rotolo F., Cavadi G., *Le libertà dei moderni*, Palermo, Palumbo, 1998
Sorcinelli P. (a cura di), *Identikit del Novecento*, Roma, Donzelli, 2004.
Tesi R., *Storia dell'italiano. La lingua moderna e contemporanea*, Bologna, Zanichelli, 2005

L'italiano (non solo) per stranieri

Albano, Barreiro e Bossa
Danielina e il mistero dei pantaloni smarriti
corso di italiano a fumetti per bambini
- libro + cd audio

Ambroso e Di Giovanni
L'ABC dei piccoli

Ambroso e Stefancich
Parole
10 percorsi nel lessico italiano
esercizi guidati

Anelli
Tante idee…
per (far) apprendere l'italiano

Balboni
GrammaGiochi
per giocare con la grammatica

Barki e Diadori
Pro e contro
conversare e argomentare in italiano
- **1** livello intermedio - libro dello studente
- **2** livello intermedio-avanzato - libro dello studente
- guida per l'insegnante

Barreca, Cogliandro e Murgia
Palestra italiana
esercizi di grammatica
livello elementare / intermedio

Battaglia
Grammatica italiana per stranieri

Battaglia
Gramática italiana
para estudiantes de habla española

Bettoni e Vicentini
Passeggiate italiane
lezioni di italiano - livello avanzato

Blok-Boas, Materassi e Vedder
Letture in corso
corso di lettura di italiano
- **1** livello elementare e intermedio
- **2** livello avanzato e accademico

Bonacci e Damiani
Animali a Roma
un vocabolario fotografico
tra arte, lingua, cultura e curiosità italiane

Camalich e Temperini
Un mare di parole
letture ed esercizi di lessico italiano

Carresi, Chiarenza e Frollano
L'italiano all'Opera
attività linguistiche attraverso 15 arie famose

Chiappini e De Filippo
Un giorno in Italia 1
corso di italiano per stranieri
principianti · elementare · intermedio
- libro dello studente con esercizi + cd audio
- libro dello studente con esercizi (senza cd audio)
- guida per l'insegnante + test di verifica
- glossario in 4 lingue + chiavi degli esercizi

Chiappini e De Filippo
Un giorno in Italia 2
corso di italiano per stranieri
intermedio · avanzato
- libro dello studente con esercizi + cd audio
- libro dello studente con esercizi (senza cd audio)
- guida per l'insegnante + test + chiavi

Cini
Strategie di scrittura
quaderno di scrittura
livello intermedio

Deon, Francini e Talamo
Amor di Roma
Roma nella letteratura italiana del Novecento
testi con attività di comprensione
livello intermedio-avanzato

Diadori
Senza parole
100 gesti degli italiani

du Bessé
PerCORSO GUIDAto** guida di **Roma
con attività ed esercizi di italiano per stranieri

du Bessé
PerCORSO GUIDAto** guida di **Firenze
con attività ed esercizi di italiano per stranieri

du Bessé
PerCORSO GUIDAto** guida di **Venezia
con attività ed esercizi di italiano per stranieri

Gruppo CSC
Buon appetito!
tra lingua italiana e cucina regionale

Gruppo CSC
Gramm.it
grammatica italiana per stranieri
con esercizi e testi autentici

Gruppo CSC
Gramm.it for English-speakers
Italian Grammar
complete with exercises and authentic materials

Gruppo META
Uno
corso comunicativo di italiano - primo livello
• libro dello studente
• libro degli esercizi e grammatica
• guida per l'insegnante
• 3 cd audio

Gruppo META
Due
corso comunicativo di italiano - secondo livello
• libro dello studente
• libro degli esercizi e grammatica
• guida per l'insegnante
• 4 cd audio

Gruppo NAVILE
Dire, fare, capire
l'italiano come seconda lingua
• libro dello studente
• guida per l'insegnante
• 1 cd audio

Istruzioni per l'uso dell'italiano in classe
• **1**: 88 suggerimenti didattici
    per attività comunicative
• **2**: 111 suggerimenti didattici
    per attività comunicative
• **3**: 22 giochi da tavolo

Maffei e Spagnesi
Ascoltami!
22 situazioni comunicative
• manuale di lavoro
• 2 cd audio

Marmini e Vicentini
Passeggiate italiane
lezioni di italiano - livello intermedio

Pallotti e Cavadi
Che storia!
la storia italiana
raccontata in modo semplice e chiaro

Pontesilli
Verbi italiani
modelli di coniugazione

Quaderno IT - n. 5
esame per la certificazione
dell'italiano come L2 - livello avanzato
prove del 2002 e del 2003
• volume + cd audio

Radicchi
In Italia
modi di dire ed espressioni idiomatiche

Stefancich
Cose d'Italia
tra lingua e cultura

Stefancich
Quante storie!
(di autori italiani contemporanei)
con proposte didattiche
livello intermedio e avanzato

Stefancich
Tracce di animali
nella lingua italiana tra lingua e cultura

Svolacchia e Kaunzner
Suoni, accento e intonazione
corso di ascolto e pronuncia
• manuale
• set 5 cd audio

Tamponi
Italiano a modello
dalla letteratura alla scrittura
livello elementare e intermedio

Tettamanti e Talini
Foto parlanti
immagini, lingua e cultura

Ulisse
Faccia a faccia
attività comunicative
livello elementare-intermedio

Verri Menzel
La bottega dell'italiano
antologia di scrittori italiani del Novecento

Linguaggi settoriali

B   i e Begotti
Destinazione Italia
l'italiano per operatori turistici
- manuale di lavoro
- 1 audiocassetta

Cherubini
Convergenze: iperlibro di italiano per affari
*consapevolezze, conoscenze e strumenti per la
comunicazione negli affari e nel lavoro*
- libro + DVD-rom

Cherubini
L'italiano per gli affari
*corso comunicativo di lingua
e cultura aziendale*
- manuale di lavoro
- 1 audiocassetta

Costantino e Rivieccio
Obiettivo professione
corso di italiano per scopi professionali
- libro + cd audio

Costantino e Rivieccio
Obiettivo professione for English-speakers
corso di italiano per scopi professionali
- libro + cd audio

Dica 33
il linguaggio della medicina
- libro dello studente
- guida per l'insegnante
- 1 cd audio

L'arte del costruire
- libro dello studente
- guida per l'insegnante

Una lingua in pretura
il linguaggio del diritto
- libro dello studente
- guida per l'insegnante
- 1 cd audio

Classici italiani per stranieri
testi con parafrasi a fronte* e note

1. Leopardi • *Poesie**
2. Boccaccio • *Cinque novelle**
3. Machiavelli • *Il principe**
4. Foscolo • *Sepolcri e sonetti**
5. Pirandello • *Così è (se vi pare)*
6. D'Annunzio • *Poesie**
7. D'Annunzio • *Novelle*
8. Verga • *Novelle*
9. Pascoli • *Poesie**
10. Manzoni • *Inni, odi e cori**
11. Petrarca • *Poesie**
12. Dante • *Inferno**
13. Dante • *Purgatorio**
14. Dante • *Paradiso**
15. Goldoni • *La locandiera*
16. Svevo • *Una burla riuscita*

Libretti d'Opera per stranieri
testi con parafrasi a fronte* e note

1. *La Traviata**
2. *Cavalleria rusticana**
3. *Rigoletto**
4. *La Bohème**
5. *Il barbiere di Siviglia**
6. *Tosca**
7. *Le nozze di Figaro*
8. *Don Giovanni*
9. *Così fan tutte*
10. *Otello**

Letture italiane per stranieri

1. Marretta • *Pronto, commissario...? 1*
   *16 racconti gialli con soluzione
   ed esercizi per la comprensione del testo*

2. Marretta • *Pronto, commissario...? 2*
   *16 racconti gialli con soluzione
   ed esercizi per la comprensione del testo*

3. Marretta • *Elementare, commissario!*
   *8 racconti gialli con soluzione
   ed esercizi per la comprensione del testo*

Pubblicazioni di glottodidattica

Pallotti - A.I.P.I. Associazione Interculturale Polo Interetnico
Imparare e insegnare l'italiano come seconda lingua
un percorso di formazione
- DVD + libro

www.loescher.it

Bonacci editore